일본
여성 창업가의
커리어 분석

사례를 중심으로

일본
여성 창업가의
커리어 분석

사례를 중심으로

/ **이윤희** 지음 /

서문

여성의 사회진출 증가로 우리 주변에서도 여성 창업가를 어렵지 않게 만날 수 있게 되었다. 오늘날 여성의 창업 활동을 촉진하기 위한 법 제도는 물론 다양한 형태의 지원사업이 이루어지고 있는 가운데, 여성 창업에 관한 연구도 증가하고 있다. 반면, 일본의 경우 창업 활동에 대한 국제적인 조사 'GEM(Global Entrepreneurship Monitor)'에 따르면 '종합창업활동지수(TEA, Total Early-Stage Entrepreneurial Activity)'가 다른 선진국들의 수치와 비교하여 매우 낮은 수준으로 알려지고 있다.

또한, 여성 창업에 관한 연구를 살펴보면 기업가 정신, 여성의 창업 성향과 창업 동기 등에 대해서는 논의되었다. 하지만 여성 창업가들의 커리어 형성과정과 창업 활동에 동원된 자원을 어떻게 획득하고 활용했는지에 대해 착안한 연구는 거의 찾아보기 어려웠다.

본 연구의 목적은 일본의 여성 창업가가 커리어 형성을 통해 어떤 자원을 획득하고, 그 자원을 어떻게 동원하여 창업에 이르는지 고찰하는 데에 있다. 지금까지 일본의 여성 창업가와 관련된 연구에서는 창업에 필요한 자원이 명확하게 정의되지 않았다. 그러나 최근 미국 여성 창업가의 커리어 형성 연구에서 공통적으로 발견되는 점은 창업 활동에 동원된 인적자본, 경제자본, 문화자본, 사회관계자본에 착안하였다는 것이다. 따라서 본 연구에서는 미국의 여러 연구에서의 개념의 틀(Conceptual Framework)을 적용하여 일본 여성 창업가의 커리어 형성을 분석했다.

먼저 제1장에서는 이 연구의 문제설정에 대하여 논하였다. 다른 선진국 여성 창업가와 비교분석을 통해 일본의 여성 창업가의 현재 상황과 시대적 배경에 대하여 요약하였다. 최근의 비즈니스 환경에서 일본 여성의 활약이 기대되는 상황이 도래하기는 했으나 창업하기까지 어떻게 커리어를 형성했는지에 대해 상세하게 분석한 연구는 많지 않다. 본 연구에서는 어떻게 자원을 획득하고 축적하여 창업에 활용했는지에 대한 사례를 연구했다.

제2장에서는 여성 창업가의 선행연구에 대해 요약했다. 우선, 창업가의 개념과 정의 및 이론에 대해 고찰했다. 그리고 자영업자들에 관한 선행연구를 검토하고 계층 요인, 라이프 코스 요인, 네트워크 요인의 영향에 관한 조사결과를 정리했다. 덧붙여 여성 창업가의 선행연구를 검토하고, 미국의 여성 창업가와 일본의 여성 창업가에 대한 연구결과를 요약했다.

제3장에서는 이 연구의 개념의 틀과 연구과제를 제시했다. 제2장의 선행연구에서 살펴본 대로, 여성 창업가가 동원하는 다양한 자원은 커리

어 형성과정에서 획득하고 그 자본이 창업 활동에 영향을 줄 것으로 예상하였다. 따라서 이에 관한 개념의 틀을 제시하고, 여성 창업가가 커리어 형성과정에서 획득하고 축적하는 네 개의 자원(인적자본, 문화자본, 사회관계자본, 경제자본)을 정의했다. 그리고 이 연구에서 분석할 여섯 개의 연구과제를 제시했다. 또한, 조사대상, 데이터 수집법, 샘플링 방법, 샘플 수, 조사 기간, 질문내용 등 이 연구의 조사방법을 설명하고 수집한 여성 창업가의 샘플 특성에 관해 기술했다.

제4장에서는 조사결과를 제시했다. 여성 창업가가 유소년기부터 성인기에 걸쳐 '네 개의 자본을 어떻게 획득했는지'에 대한 조사결과를 정리하고, 여성 창업가가 영역별로 각 자본을 획득하는 사례를 제시했다.

제5장에서는 여성 창업가의 직업 커리어 패턴을 유형학(Typology)적으로 분석하였다. 먼저, 클러스터 분석을 통하여 네 가지 창업가 클러스터(스페셜리스트, 처음부터 창업을 의도하지 않은 커리어, 제너럴리스트, 처음부터 창업을 노린 커리어)를 도출하였다. 그리고 기본적 속성, 자원 획득영역, 직업 커리어 변수, 창업에 관한 변수(창업 시 연령, 시대적 배경, 창업 동기) 등에서 각 클러스터의 프로필을 기술했다. 나아가, 기업 내 이동 또는 기업 간 이동과 같은 이동 패턴 등의 변수로부터 여성 창업가의 타입에 대해 고찰하고, 각 클러스터에 따른 여성 창업가의 사례를 제시했다.

제6장에서는 여성 창업가의 라이프 코스 패턴과 네 가지 클러스터 간의 관계에 대한 분석결과를 기술했다. 먼저, NPO법, IT혁명, 1엔 창업, 회사법 등의 시대적 배경과 창업 수가 상관관계에 있다는 점을 발견하여 시대적 배경이 창업 활동에 영향을 미치는 것을 확인했다. 또한, 각 클러스터의 창업가 연령분포로부터 세대를 추정하고, 클러스터별 창업가 세대와 창업 활동과의 관계에 관해 기술했다. 그리고 '가족의 궤적(Family Trajectory)'과 창업 활동의 관계를 분석하였다. 아울러 각 클러스터의 가

족 라이프 이벤트(결혼, 출산, 이혼, 재혼, 사별 등) 경험 및 가족 라이프 이벤트 시기, 커리어의 전환 동기 등을 분석하고 그 결과를 정리했다.

제7장에서는 제5장과 제6장의 분석결과를 바탕으로 제3장에서 설정한 6개의 연구과제에 따라, 여성 창업가에 관한 조사결과를 정리했다. 그리고 제5장에서 설명한 직업 커리어 패턴별 클러스터의 특성과 제6장에서 설명한 가족의 궤적별 클러스터의 특성을 조합하여 각 클러스터의 전체상을 정리하고, 대표 사례를 제시했다. 또한, 조사결과 전체를 정리해 총괄하여 새로운 개념 도식을 제시했다. 마지막으로 본 연구의 제언 및 한계점에 대해 논했다.

저자는 2012년부터 2014년까지 2년 동안 69명의 여성 창업가들과 인터뷰를 통해 이들이 지금까지 살아온 인생 이야기와 함께 다양한 커리어 형성과정의 경험에 대해 들을 수 있었다. 인터뷰를 진행하던 시기에 저자 또한 앞으로의 커리어 형성과 선택에 대한 여러 가지 고민이 있었다. 하지만 인터뷰를 진행하면서 여성 창업가들이 역경을 어떻게 극복해 왔는지, 선택의 갈림길에서 어떤 선택을 하고, 어떻게 커리어를 쌓아왔는지에 관한 이야기를 들으며 저자 또한 향후 커리어 형성에 대한 지침을 얻을 수 있었다. 본 연구에서는 일본의 여성 창업의 실태와 이들이 보여주는 다양한 여성 창업가의 패턴을 분석했다. 이번 연구가 한국의 여성들을 비롯해 다양한 커리어를 지닌 여성들에게 그동안 쌓아온 커리어를 뒤돌아보는 계기가 되었으면 한다. 무엇보다도 향후 여성 창업가들이 만들어 갈 커리어 형성 또는 창업을 위해 도움이 되었으면 좋겠다.

2020년 4월
저자 이윤희

목차

【표 목차】

【그림 목차】

제 1 장 ——————— 머리말

제1절 일본의 여성 창업가 현황

일본에서는 저출산 고령화의 진전으로 노동인구가 감소함에 따라 향후 여성이 맡게 될 역할이 더 커질 것으로 생각된다. 이에 따라 여성 특유의 감성이나 관점을 살린 사업을 전개하여 지금까지 없었던 새로운 서비스나 재화를 시장에 제공할 가능성도 커졌다. 일본 아베(阿部) 정권에서는 '여성의 사회적 활약의 추진'을 성장전략 중 하나로 내걸고 '여성의 역량 강화(empowerment)'의 필요성이 다양한 영역에서 논의되고 있다. 그러나 여러 해외국가와 비교하여 일본의 여성 취업률이나 여성 리더의 수는 적으며, 후술하는 것과 같이 여성 창업가 수도 적다. 따라서 본 연구에서는 여성 창업가에 주목하여 여성 창업가의 커리어 형성에 대하여 분석하고, 여성의 역량이 강화되어가는 과정(empower)을 규명하고자 한다.

일본 중소기업백서(2014)에 의하면 일본에서는 1979년부터 2007년에 걸쳐 꾸준히 20만에서 30만 명의 창업가가 탄생하였다. 그러나 <그림 1>에 제시한 바와 같이 창업 활동에 관한 국제적인 조사 'GEM (Global Entrepreneurship Monitor)(2013)'에 의하면 각국의 창업 활동의 활발함을 나타내는 지표인 '종합창업 활동지수(Total Early-Stage Entrepreneurial

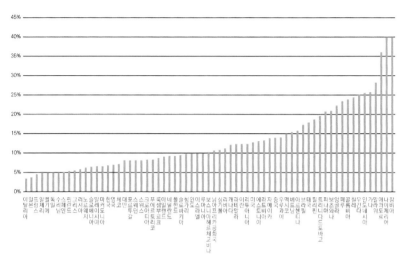

<그림 1> 각국의 창업가 활동지수(TEA)[1]

Activity: TEA)'는 일본에서는 2013년 시점에서 3.7 정도이며 미국이나 영국 등 다른 선진국의 수치와 비교하여 크게 떨어지며 세계적으로도 낮은 수치로 지적되고 있다.

또한 <그림 2>에 제시한 바와 같이 선진국의 남녀별 창업가 활동지수(TEA)의 추이를 살펴보면 다른 선진국과 마찬가지로 일본은 여성(2.1%)과 남성(5.9%) 간의 차이가 크고 거의 대부분의 연도에서 여성의 창업가 활동지수(TEA)가 남성에 비교해 낮은 것으로 나타나고 있다.

1) 2013년 GEM 자료 참조(일반 사단법인 벤처 엔터프라이즈, 2014, 『2013년도 창업.기업지원 사업(기업가정신과 성장벤처에 관한 국제조사: 기업가정신에 대한 조사 보고서』, 경제산업성).

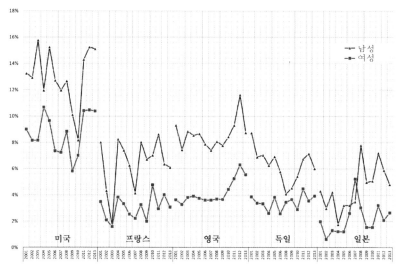

<그림 2> 선진국의 남녀별 창업가 활동지수(TEA) 추이[2]

또한 <그림 3>에 제시한 바와 같이 북미 유럽국가와 일본의 창업률을 비교한 경우, 일본의 창업률은 북미 유럽의 절반 또는 그 이하에 해당한

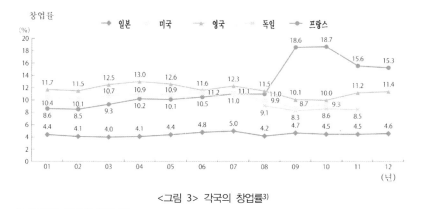

<그림 3> 각국의 창업률[3]

---

2) 2013년 GEM 자료 참조(일반 사단법인 벤처 엔터프라이즈, 2014, 『2013년도 창업.기업지원 사업(기업가정신과 성장벤처에 관한 국제조사: 기업가정신에 대한 조사 보고서』, 경제산업성).
3) 중소기업청, 2014, 『중소기업백서 2014년 판』.

다. 예를 들면 미국에서는 최근 20년간 여성 창업가 수가 1.6배에서 2.1 배로 증가하였다. 미국 상무부가 국세조사의 데이터를 근거로 작성한 'Women-Owned Businesses in the 21st Century' 보고서에 의하면, 1997 년부터 2007년에 걸쳐 여성경영기업은 44% 정도 증가하였으며, 남성경영기업과 비교하여 2배의 신장률을 나타냈고, 여성경영기업은 50만 명의 고용을 창출한 것으로 나타났다.

이처럼 일본의 창업률이 낮은 요인으로는 북미 유럽국가와 비교하여 자영업을 선호하는 비율이 낮은 점을 들 수 있다. 그 배경으로 북미 유럽 국가와 비교하여 주위의 창업가와의 접점이 적고, 사업기회나 지식·능력·경험이 부족하거나, 창업가의 지위나 직업선택에 대한 평가가 낮은 점이 지적되었다(중소기업백서, 2014: 187~188).

또한, 남녀별 일본 창업가의 연령층을 살펴보면 <그림 4>에 제시한 바와 같이 남성 창업가 수는 30대와 60대에 집중되어 있다. 한편, 여성 창업가 수는 30대에 많고, 나머지는 모든 연령대에서 거의 비슷하였으며, 여성 창업가 수가 남성과 비교하여 적은 것으로 나타났다(중소기업백서, 2012:119). 이처럼 여성의 창업이 적은 이유로는 남성과 비교하여 지식 이나 노하우의 습득기회가 적다는 점, 인적네트워크의 형성기회가 적다 는 점, 육아·가사·간병 등의 사정에 의해 창업을 해도 사업을 계속하 기가 어렵고 남성과 비교하여 폐업으로 이어지기 쉬운 등의 문제가 다수 지적되었다. 또한, 여성 창업가 지원체제의 문제에는 여성의 창업지원에 특화된 법률이나 정책, 공적인 지원단체가 거의 없다는 점도 논의되었다 (경제산업성, 2011; 후생노동성 고용균등·아동가정국, 2006; 국민생활 금융공고종합연구소, 2003).

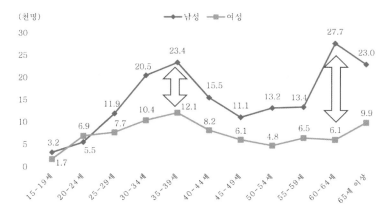

<그림 4> 남녀별, 연령별 창업가 수4)

다음 <그림 5>에 제시한 바와 같이 일본의 창업형태를 살펴보면, 전반적으로 개인사업자로 창업하는 사람이 70%를 초과하고 있다. 이처럼 여성창업가는 개인사업자로서의 형태를 선택하는 경향이 있는 것으로 나타났다.

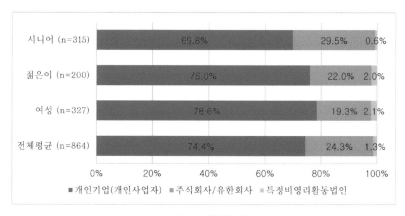

<그림 5> 창업형태5)

4) 중소기업청, 2012, 『중소기업백서 2012년 판』.

이처럼 개인사업으로 창업하는 경향이 많은 이유는 회사설립의 실질적인 비용이 0엔으로 바로 시작할 수 있다는 장점을 생각할 수 있다. 그리고 비즈니스가 궤도에 오르면 거래처로부터 신뢰를 얻을 수 있거나 세법상 유리한 면이 많아지면 법인화하여 회사조직으로 이행하는 경향을 보인다.

제2절 여성 창업가 지원정책 현황

위와 같이 여성 창업가는 남성 창업가와 비교하여 창업 활동에 동원할 수 있는 자원에 대한 접근이 곤란하기 때문에 여성 창업가의 수요에 맞춘 제도적 지원이 필요하다. 그러면 일본과 미국의 여성 창업가를 지원하는 공적 지원제도에 대하여 개관하고, 어떠한 정책이 존재하는지에 대하여 고찰하고자 한다.

미국에서는 여성 창업가를 지원하는 법적 제도의 기초가 된 '여성 기업 소유법'이 1988년에 성립되었다. 1991년에는 '유리 천장법(Glass Ceiling Initiative)'으로 규정되었고, 여성과 마이너리티의 상급관리직으로의 승진을 촉진하는 기초가 만들어졌다. 그리고 같은 해 제정된 '여성 사업개발법(women's Business Development Act)'에 의해 여성이 경영하는 중소기업을 위하여 3년간의 실증프로젝트를 실시하는 민간조직에 대하여 금전적인 원조를 지원하게 되었다. 또한, 오바마 정권은 2011년에 창업가정신과 신규·중소기업의 성장을 촉진하기 위한 '스타트업 아메리카'라는 신전략을 발표하고 미국 내 신규고용창출로 이어지는 신규기업과

---

5) 중소기업청 편, 2014, 『중소기업백서 2014년 판』.

중소기업에 대한 투자나 연구개발촉진을 도모하였다.

상기 법률에 의해 규정된 정책에 관한 '지원프로그램'을 실시하는 주요 기관은 '미국중소기업청'이다. 그리고 미국중소기업청과 일부 국(一部局)인 여성기업지원센터(OWBO: Office of Women's Business Ownership)는 다양한 조직과 제휴하여 창업, 사업자금융자, 사업확대 등 창업지원을 실시하고 있다. 그 밖에도 정부 관련 단체와 민간단체에 의한 지원 활동이 실시되고 있다. 중소기업청이 실시하는 여성 창업가나 여성 경영자를 위한 지원프로그램에는 '융자 관련', '정부조달 관련', 그리고 '인재육성' 프로그램과 같은 창업가 교육 등을 들 수 있다.

일본에서는 1985년 '남녀고용기회균등법'이 제정되어 직장에서의 남녀차별이 금지되고, 모집과 채용, 승진 등의 면에서 남녀가 모두 평등한 대우를 받도록 규정하였다. 2006년에는 '회사법'이 시행되어 최저자본금 제도가 없어지고 회사설립에 필요한 자본금이 얼마라도 상관없게 되었다. 그러나 여성의 창업지원에 특화된 법률은 아직 제정되어 있지 않다.

일본 정부에 의한 '여성 대상의 창업지원'은 주로 '내각부 남녀 공동기획국'이 실시하고 있으며, 정부 및 도도부현(광역 지방자치 단위), 그리고 민간단체 등이 '여성 대상 창업지원(내각부 남녀 공동기획국 여성 응원 포털사이트(http://www.gender.go.jp/policy/sokushin/ouen/area/))'을 실시하고 있다(경제산업성, 2011).

일본 정부의 '여성 창업 지원사업'에는 '경제산업성'의 '창업 지원사업 계획 인정(認定)'이 있다. 시정촌(기초 지방자치 단위)이 창업지원 사업자와 연대하여 책정하는 '창업지원 사업계획'은 지역의 창업지원 체제의 강화를 도모하기 위한 것으로 2014년 현재 42개 도도부현 177개 시구정에서 168건이 인정되었다. 그리고 경제산업성의 '중소기업·소규모사업자 인재대책사업'에서는 중소기업·소규모사업자에서 우수 인재를 확보할 수 있도록 육아 등으로 일단 퇴직한 뒤 재취업을 희망하는 여성이나 신졸업자(新卒業者) 등에 대하여 중소기업·소규모사업자들이 실시하는 직장실습을 지원하고 있다.

또한, 여성 창업을 지원하는 '보조금·조성금 및 금융지원'에는 경제산업성의 '엔젤 세제혜택', 중소기업청에 의한 '창업보조금', 그리고 '일본 정책금융공고'에 의한 융자제도('여성, 청년·시니어 창업가 자금', '저금리융자제도', '신창업 융자제도')를 들 수 있다. 그 밖에 독립행정법인 중소기업기반 정비기구, 도쿄도 중소기업진흥공사 등의 조성금제도가 있다.

또한 '창업가 교육' 프로그램으로서는 정부나 각 도도부현이 실시하는 공적인 '창업지원 세미나와 이벤트'가 있으며, 전국상공회의소 여성회연합회, 일본 정책투자은행이 실시하는 '창업가 콘테스트'도 있다. 마지막으로 창업한 지 얼마 되지 않는 회사에 대해서는 평소보다 저렴하게임대하여 회사경영을 서포트하는 임대사무실인 '인큐베이터 오피스'를제공하고 있다.

이처럼 일본에서도 정부 및 도도부현, 그리고 민간단체 등이 제휴하여 여성 창업지원을 위한 다양한 '사업계획'과 '융자제도', '창업가 교육프로그램'을 실시하고 있다.

제3절 일본의 여성 창업가의 시대적 배경

여성 창업가의 창업 활동을 둘러싼 일본의 사회경제적 환경, 법 제도등은 다양한 형태로 변화되었다. 이 절에서는 여성 창업가들이 창업하는기업이 중소기업인 경향을 보이므로 일본의 중소기업을 둘러싼 시대적 배경에 대하여 개관하고자 한다. 시대구분 및 그 해설은 우에다(植田, 2006)를 참고하였다. 그러면 고도성장기부터 현재까지의 상세한 시대적 배경을 설명하기에 앞서 일본의 창업과 폐업의 동향에 대하여 알아보자.

<그림 6>에 제시한 바와 같이 1955년부터 현재까지 일본회사의 창업률과 폐업률은 뚜렷하게 하향세를 보인다. 1955년에 19.6%였던 창업률은 이후 꾸준하게 감소하여 1997년에는 폐업률(4.5%)이 창업률(3.5%)을 상회하는 역전현상이 발생했다. 그리고 2012년의 창업률은 3.6%, 폐업률은 3.5%였다.

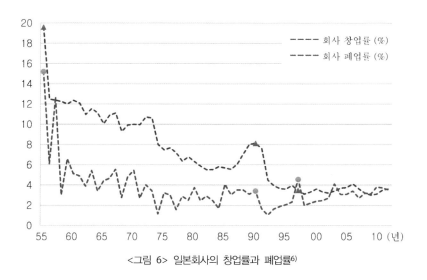

<그림 6> 일본회사의 창업률과 폐업률[6]

---

6) 중소기업백서(2011) '제3-1-5 그림 회사 수 및 설립등기 건수에 의한 개·폐업률'을 토대로 2010년부터 2012년 수치를 추가하여 필자가 작성하였음.

요약하면, 일본의 회사 창업률과 폐업률의 추이를 보면 시대와 함께 창업률은 감소하였으며 폐업률도 변동이 없는 상태에서 상승하는 경향을 보인다. 다음은 <표 1>을 보면서 각 시기에 일본 중소기업이 어떠한 영향을 받아 현재는 어떠한 상황에 놓여있는지에 대하여 설명하고자 한다.

(1) 고도성장기: 1950년대 중반~1970년대 초

일본은 1955년부터 1970년대 초까지 고도성장기를 맞이하였다. 고도성장기는 일본경제뿐 아니라 중소기업도 크게 변화된 시기였다. 이 시기의 일본은 농업과 소영세(小零細) 경영 부문, 자영업 부문의 비중이 높고, 중소기업과 대기업의 생산성과 임금, 기술 등 모든 격차가 현재화되는 고용구조의 '이중구조' 문제를 안고 있었다. 생산성의 구조나 기술혁신의 보급을 위해서는 대기업이 가족경영이나 소규모경영 부문의 중간 비중을 늘려 중규모경영의 증대가 필요했다. 이중구조의 해소와 산업구조의 고도화를 담당하는 중소기업을 창출하기 위하여, 1963년 '중소기업 기본법'이 책정되었다. 고도성장기에는 대기업과 중소기업 간의 임금 격차의 축소가 보이고, 중소기업 수도 지속적으로 증가하여 중견기업이라는 새로운 형태의 중소기업도 등장하였다. 또한, 일본의 고도경제성장기에는 소규모경영, 자영업자, 중소기업이 공존하였으며, 일본은 1970년 시점에서 북미 유럽 선진국 중에서도 자영업자 비율이 높은 국가였다.

<표 1> 일본 고도성장기부터 현재까지의 시대적 배경[7]

	고도성장기 (1950년대 중반~ 1970년대 초)	안정성장기 (1973년~1985년)	거품경제붕괴와 잃어버린 10년 (1986년~2001년)	현재 (2002년~현재)
경제	고도성장기	제1차 벤처 붐 (1970년~1973년)	제2차 벤처 붐 (1982년~1986년) 거품경제기 (1989년~1991년) 거품경제붕괴 (1991년~1993년)	글로벌 금융위기 리먼 쇼크 (2008년)
사회		제1차 오일쇼크 (1973년) 제2차 오일쇼크 (1979년)	IT 혁명 (2000년)	동일본대지진 (2011년)
법률	중소기업 기본법 책정 (1963년)	70년대 중소기업 정책 비전	남녀고용기회균등법 (1985년) NPO법 시행 (1998년)	최저자본금규제 특례 (2003년) 회사법 시행 (2006년)

(2) 안정성장기: 1973년~1985년

1970년대부터 1980년대 전반에 걸친 안정성장기에는 '70년대 중소기업정책 비전'이 발표되어, '제1차 벤처 붐(1970년~1973년)'이 일어나는 등 종래와는 다른 형태의 중소기업이 주목받게 되었다. 제1차 벤처 붐이 일어난 1970년대 전반에는 현재 일본의 대기업 벤처캐피털의 과반수가 설립되었고, 지원사업이 세워졌다. 이 벤처캐피털의 자원을 배경으로 많은 벤처기업이 등장하게 되었다.

그러나 1973년의 제1차 오일쇼크 영향을 받아 개업 붐은 급속히 사라졌다. 그리고 1980년대에 발생한 '제2차 벤처 붐(1982년~1986년)'의 시대에는 제조업에서 서비스업을 중심으로 한 제3차 산업으로 산업구조가 이동하는 경향이 있었다. 이러한 산업구조 전환과정에서 이노베이션을

---

7) 이 표는 우에다(植田, 2006)를 참고하여 필자가 작성하였음.

요구하는 사회적 배경 아래, 활발한 창업 활동을 특징으로 하는 자립형 신사업을 담당하는 중소기업(벤처기업)이 많이 등장하였다(太原正裕, 2011). 이처럼 고도성장기와 안정성장기까지는 회사 수가 증가하여 기업의 창업률이 폐업률보다 높았다.

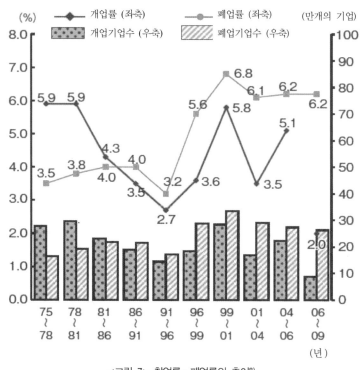

<그림 7> 창업률 · 폐업률의 추이[8]

---

8) 중소기업청 편, 2011, 『중소기업백서 2011년 판』.

(3) 거품경제붕괴와 잃어버린 10년: 1986년~2001년

1980년대 중반부터 시작된 거품경제는 1991년의 거품붕괴를 계기로 장기불황을 맞이하였다. 그리고 1980년대 후반부터 폐업률이 창업률을 역전하여 중소기업 수와 자영업자 수가 눈에 띄게 감소하였다.

상기 <그림 7>을 보면, 1975년부터 1981년까지 5.9%였던 창업률은 1991년부터 1996년에는 2.7%까지 떨어졌다. 반대로 1986년부터 1991년까지 폐업률은 개업률을 역전하여 꾸준히 창업률을 상회하였다. 이러한 폐업률 증가의 배경으로 생각할 수 있는 요인으로는 다음과 같은 두 가지가 지적된다. 첫째는 1989년부터 1991년까지 이어진 '헤이세이 불황(거품붕괴)'과 경영자의 고령화, 둘째는 창업률의 저하이다. 1980년대 이후에 창업한 자영업자의 수입이 고용자의 수입보다도 낮고 금전적인 면에서 창업이 매력적이지 않게 된 점도 창업률 저하의 하나의 요인으로 논의되고 있다. 그 밖에도 창업비용 증가나 안정지향 추구, 창업교육 결여 등의 요인을 들 수 있다(植田他, 2014).

그리고 중소기업을 둘러싼 경제환경이 변화되는 가운데 여성 노동자의 법 제도도 변화해 왔다. 먼저 1985년에 '남녀고용기회평등법'이 제정되어 직장에서 남녀차별을 금지하고, 모집과 채용, 승진 등의 면에서 남녀 모두 평등하게 취급하도록 규정되었다. 또한, 1998년에는 특정 비영리 활동 촉진법(NPO법)이 시행되었다. '민간 비영리단체(Non Profit Organization: 비영리조직)'는 영리를 목적으로 하지 않고 사회적 사명을 가지고 활동하는 민간조직이다. 또한, 2000년에는 IT 혁명(정보기술혁명)이 도래하여, 컴퓨터나 네트워크 등 IT 기술을 활용한 사업을 창업하는 여성 창업가가 증가하기 시작했다.

(4) 현재: 2002년~현재까지

2002년부터 현재까지의 역사적 배경을 보면, 기업에 관한 법률이 크게 변하고, 창업 활동에도 변화가 보이기 시작했다. 먼저, 2006년 5월 1일부터 '회사법'이 시행되어 종래 다양한 법률에 분산되어 있던 회사에 관한 규정이 하나의 법률로 정리되었다. 회사법의 시행에 따라 유한회사법이 폐지되었고, 현재 새로운 유한회사를 설립할 수 없다. 다만 2006년 이전에 설립된 기존의 유한회사는 존속 가능하다.

또한, 종래 회사설립에는 유한회사의 경우 300만 엔, 주식회사의 경우 1,000만 엔이라는 최저자본금이 필요하였다. 이에 앞서 2003년 2월에 시행된 '최저자본금규제의 특례'에 의해 1엔으로도 창업할 수 있는 '1엔 창업' 붐이 유행했다. 이처럼 회사법이 시행되기 전에도 1엔 창업은 가능했지만, 회사설립 후 5년 이내에 증자해야 하는 의무가 따랐다.

그러나 2006년 회사법 시행에 따라 '최저자본금제도'가 없어지고 회사설립에 필요한 자본금은 얼마라도 상관없게 되었다. 게다가 1엔 창업을 한 후 5년 후에 증자해야 하는 의무도 없어졌다. 요약하면 현재는 창업 시 필요한 창업자금의 규제도 증자에 대한 의무도 없어졌다. 창업률이 지지부진한 상황에서 창업 활동을 지원하는 정책이나 법 제도가 추진되고 있는 것은 분명하다. 이와는 반대로 경제적 사회적인 측면에서 2008년에 발생한 리먼 쇼크 및 2011년 동일본대지진에 의해 현재 자영업자를 포함한 중소기업경영이 힘들어진 상황이다.

제4절 본 연구의 목적

다시 말하면 일본에서는 여성 창업가 수가 남성 창업가와 비교하여 적다. 그 이유로는 남성과 비교하여 지식이나 노하우의 취득기회가 적고, 인적네트워크형성의 기회가 적으며, 육아·가사·간병 등의 사정에 따라 창업을 했지만, 사업을 계속하기 어려워 남성과 비교하여 폐업으로 이어지기 쉬운 점 등을 들 수 있다. 그러면 실제로 창업한 여성 창업가는 어떻게 이러한 상황을 극복할 수 있었던 것일까?

본 연구에서는 일본의 여성 창업가가 커리어 형성을 통하여 어떠한 자원을 획득하고, 이들 자원을 어떻게 동원하여 창업하는가에 대하여 상세하게 분석하고자 한다. 즉, 여성 창업가는 창업하기 위하여 어떠한 자원을 누구로부터(어디에서), 어떻게 확보하는지에 대하여 고찰하고자 한다. 특히 이 연구의 연구과제에서는 창업하기까지의 여성 창업가의 커리어 형성과정에 착안하여 자원을 어떻게 획득하고 축적하였는지가 초점이 될 것이다.

지금까지 일본의 여성 창업가 연구에서는 창업에 필요한 자원에 대하여 정의되지 않았지만, 최근 미국 여성 창업가의 커리어 형성의 연구에 공통적으로 보이는 경향은 창업과정에서 동원된 자원(인적자본, 문화자본, 사회관계자본, 경제자본)에 착안하고 있다는 점이다. 본 연구는 이러한 미국의 여러 연구의 개념의 틀을 적용하여 일본 여성 창업가의 커리어 형성과정을 분석하고자 한다.

본 연구에서는 인적자본, 문화자본, 사회관계자본, 경제자본이라고 하는 4개의 자원에 착안하여, 여성 창업가의 커리어 형성과정에 대하여 고찰하고자 한다. 또한, 여성 창업가가 당면하고 있는 시대적 배경이 다르므로, 서로 다른 유형의 여성 창업가가 존재할 가능성이 있다. 따라서 본 연구에서는 여성 창업가의 유형화와 라이프 코스 요인(시대적 배경, 라이프 스테이지, 가족 라이프 이벤트, 전환 계기 등)과의 관계에 대하여 분석하고자 한다.

제5절 본 연구의 구성

본 연구의 구성은 다음과 같다. 먼저 제1장에서는 본 연구의 문제설정에 대하여 논하였다. 다른 선진국의 여성 창업가와 일본 여성 창업가를 비교하여 일본 여성 창업가의 현재 상황과 지원정책의 현재 상황, 그리고 시대적 배경에 대하여 요약하였다. 최근 일본에도 비즈니스 면에서 여성의 활약을 기대하는 상황이 도래하기는 했지만, 실제로 여성 창업가가 창업하기까지의 커리어 형성과정을 통해 어떻게 자원을 획득하고 축적하여 창업에 활용하는가에 관한 연구사례는 거의 없다.

제2장에서는 여성 창업가의 선행연구에 대해 검토하였다. 먼저 '창업가란 무엇인가?'라는 '창업가'의 개념과 정의 및 창업가 이론에 대하여 고찰했다. 그리고 자영업자에 관한 선행연구를 검토하여, 계층 요인, 라이프 코스 요인, 네트워크 요인의 영향에 관한 조사 성과를 정리하였다. 더불어 여성 창업가의 선행연구를 검토하고 미국의 여성 창업가와 일본의 여성 창업가에 대한 연구결과를 요약하였다.

제3장에서는 본 연구의 개념의 틀을 제시하였다. 여성 창업가가 커리어 형성과정에서 획득하고 축적한 4개의 자원, 즉, 인적자본, 문화자본, 사회관계자본, 경제자본을 정의하였다. 그리고 본 연구에서 분석된 6개의 연구과제를 논의하였다. 창업에 활용되는 인적자본, 문화자본, 사회관계자본, 경제자본이 커리어 형성과정을 통하여 어떻게 획득되는가? 또한,

직업 커리어 형성패턴, 여성 창업가의 유형화, 라이프 코스 요인과의 관계에 관한 연구과제를 제시하였다.

또한, 본 연구의 조사방법에 대하여 논의하였다. 조사대상, 자료수집방법, 샘플링 방법, 샘플 수, 조사 기간, 질문의 내용에 관하여 기술하였다. 그리고 수집한 여성 창업가의 샘플 특성에 관하여 기술하였다.

제4장에서는 조사결과에 관하여 기술하였다. 먼저 성인 창업가가 유소년기부터 성인기에 걸쳐 '4개의 자본을 어떻게 획득하였는가?'에 대한 조사결과를 정리하였다. 여성 창업가가 자본을 가장 많이 획득하는 영역은 가정 영역이며, 다음으로 직업 영역, 그리고 학교 영역, 서클 영역, 아르바이트 영역이었다. 가정 영역에서는 여성 창업가가 인적자본과 문화자본을 부모와 조모로부터 획득하는 경향이 밝혀졌다. 또한, 여성 창업가가 영역별로 각 자본을 획득하는 사례를 제시하고 해설하였다.

제5장에서는 여성 창업가의 직업 커리어 패턴의 유형화에 대하여 분석하였다. 클러스터 분석에 따라 4개의 창업가 클러스터 ('스페셜리스트', '처음부터 창업을 의도하지 않은 커리어', '제너럴리스트', '처음부터 창업가를 지향하는 커리어')를 도출하였다. 그리고 기본적 속성, 자원의 획득영역, 직업 커리어 변수 등에서 각 클러스터의 프로필을 기술하였다. 그리고 각 클러스터의 사례를 제시하였다.

제6장에서는 여성 창업가의 라이프 코스 요인과 4개의 클러스터의 관계에 대한 분석결과를 기술하였다. 먼저 NPO법, IT 혁명, 1엔 창업, 회사법 등의 시대적 배경과 창업 수가 상관관계가 있는 것으로 보이고 창업 활동에 대한 시대적 배경이 영향을 미치는 것으로 나타났다. 또한, 각 클러스터 창업가의 연령분포로부터 세대를 추정하고, 세대와 창업 활동과의 관계를 기술하였다. 더불어 각 클러스터의 가족의 궤적(결혼, 출산, 이혼, 재혼, 사별 등 가족 라이프 이벤트 경험내용, 가족 이벤트의 타이

밍, 커리어의 전환 계기 등)에 관한 분석결과를 정리하였다. 그리고 가족의 궤적별 각 클러스터의 사례를 제시하고 해설하였다.

제7장에서는 제5장과 제6장의 분석결과에 따라서 제3장에서 설정한 6개의 연구과제에 따라 여성 창업가에 관한 조사결과에 대하여 고찰하였다. 제5장에서 설명한 직업 커리어의 패턴별 클러스터의 특성과 제6장에서 설명한 가족의 궤적별 클러스터의 특성을 조합하여 각 클러스터의 전체상을 규명하였다. 이를 위하여 각 클러스터의 대표적인 사례를 제시하였다. 아울러 본 연구에서 도출된 기타 조사결과를 제시하였다. 그리고 조사결과 전체를 정리하고 총괄하여 새로운 개념 도식을 제시하였다. 마지막으로 본 연구로부터 도출된 제언 및 연구의 한계, 향후 전망 및 결론에 대하여 논하였다.

제 2 장 ——————— 선행연구

제1절 '창업가'의 개념

창업가나 창업의 개념에 관한 정의와 이론적 틀은 다양하며 앨드리치(Aldrich, 2005)는 창업가 개념에 관한 틀에 대하여 '혁신'과 '기회 인지', '새로운 조직의 창조'라는 세 가지 측면을 제시하였다.

(1) 혁신

먼저 '혁신'이란 '창업'을 새로운 상품이나 새로운 시장을 창출하는 혁신적 활동이나 과정으로 간주한다. 이러한 입장을 견지하는 이는 슘페터(Schumpeter, 1998)이다. 슘페터는 '창업'이란 '새롭게 결합하는 것'이며, '창업가'는 '새롭게 결합하는 사람(Swedberg, 2000:58)', '새로운 결합의 수행을 본연의 기능으로 하여 그 결합의 수행에 있어서 능동적 요소가 되는 경제주체(Schumpeter, 1998:156-157)'로 정의하였다. 또한, 창업가 행동은 ① 새로운 생산물 또는 생산물의 새로운 품질의 창조와 출현, ② 새로운 생산방법의 도입, ③ 공업의 새로운 조직의 창조, ④ 새로운 판매시장의 개척, ⑤ 새로운 구매처 개척과 같은 '새로운 결합(new combination)'에 의해 특징된다고 논의하였다.

(2) 기회 인지

두 번째 측면인 '기회 인지'에서는 타인들이 놓쳐버린 잠재적 가치를 알아채는 개인의 능력에 초점을 맞추고 있다. 예를 들면 커즈너(Kirzner, 1997/2001)는 「미지의 기회에 대한 기민성에서 생겨난 의사결정자(Kirzner, 1973/1985: 43)」라고 정의한다. 커즈너에 의하면, 창업가는 시장 사이의 불완전한 정보전달에 의하여 두 개의 시장에서 서로 다른 가격으로 판매되는 '차익거래(裁定取引)'를 통하여 이윤을 얻는 사람이다. 즉, 창업가의 이윤은 이러한 '가격 차이'를 알아채는 것(창업가적인 기민성)에 있다고 말할 수 있다.

또한, 바스(Barth, 1978)는 시점을 개인의 능력에서 구조로 옮겨, 창업가를 '상대가 통상적인 교환율을 알지 못하는 점을 이용하여 교환에서 수익을 얻는 사람'으로 보고 창업가의 경제적 성공의 결정적인 요소는 이전에는 분리되어 있었던 교환의 영역을 연결하는 능력(다른 채널·영역을 잇는 능력)에 있다고 논의하였다(Swedberg, 2000: 32). 바스는 '창업가는 그들의 활동에 있어 평가가 가장 엇갈리는 경제 시스템에 관심을 갖고, 이러한 차이점에서 이익을 얻을 수 있는 거래를 연결하려고 시도한다(Barth, 2000: 158).'라고 설명하였다.

로널드 버트(Burt, 1992)는 구조적 공백(structural hole)이라는 개념을 이용하여 창업과 창업가에 관해 설명하였다. 구조적 공백이란, 네트워크에서 행위자 간의 관계가 존재하지 않고 관계가 단절된 곳이다. 자원의 흐름을 중개하는 중심적인 위치를 점하는 행위자는 연결되어 있지 않은 행위자 간에 존재하는 구조적 공백을 발견하여 그 사이를 연계하는 것이 가능하다. 버트는 '창업가'를 '타인들 사이에 존재하는 것으로부터 이익을 창출하는 사람(Burt, 1992/2006: 29)'으로 정의하였다. 즉, 특정의 네트워크 구조를 자원으로 간주하고 창업 활동의 이익은 네트워크 구조를 조작하는(구조적 공백을 메우는) 것, 타인 간의 관계를 중개하는(brokering) 창업 활동의 기회로부터 발생한다고 지적하였다(Burt, 1993: 188).

또한, 레이더와 버트(Raider & Burt, 1996)는 조직 내부 커리어만 가진 사람보다도 경계 없는 커리어(boundaryless career)를 가진 사람에게는 창업가 네트워크를 형성할 수 있는 기회가 많다고 지적하였다. '기업 간 이동'에 의하여 창업가 행동을 용이하게 하는 상황이 발생하는 경향이 있다는 것이다. 즉, 경계가 없는 커리어를 가진 사람(기업 간을 이동하는 사람)은 현재의 종업원과 과거의 종업원 간의 '잠재적 브로커'로서 위치하여, 기업 간의 조정의 기회를 개척할 수 있는 위치에 있다. 기업 간 이동은 개인이 서로 다른 기업 간의 접촉을 유지하고 축적하는 것을 가능하게 하며 창업가의 네트워크 형성을 돕는 역할을 하게 된다. 이러한 사회관계자본(구조적 공백이 풍부한 접촉 네트워크)은 구직뿐만 아니라 (창업가로서의) 커리어 달성에도 중요하며 경계 없는 커리어에서 가치 있는 것으로 논해지고 있다.

몬토야(Montoya, 2000)는 창업가에 관한 경제 인류학적인 접근을 베네수엘라 안데스의 필드 조사에 활용하여 딸기 거래에서의 창업 활동 사례연구를 하였다. 몬토야는 라보와(Lavoie, 1991)의 논의를 활용하여 '문화'가 창업 활동의 다양한 과정에 관계하고 창업 활동에는 커즈너가 지적한 이익의 기회의 '발견'뿐만 아니라 기회에 대한 (문화적) '해석'도 중요하다고 논의하였다. 즉, '미리 창업가의 비전 방향을 설정하고 (타인들이 간과한) 특정한 것을 읽어내도록 하는 것이 문화이다(Lavoie, 1991: 46).' '창업가를 성공시키는 것은 (서로 다른) 대화 과정에 참가하여 이를 새로운 방향으로 움직이게 하는 능력이다(Lavoie, 1991: 50)'라고 하였다.

나아가, 몬토야는 그녀의 연구에서 창업가를 '자신의 것이 아닌 자원을 모아서, 이를 조합하여 자신의 자본을 축적할 수 있는 사람(Montoya, 2000: 350)'으로 정의하고, 창업가가 이러한 것을 달성할 수 있는 것은 '창업가가 지역 문화에 배태되어 있기 때문'이라고 지적하였다.

마지막으로 창업을 경제활동으로 본다면, 그라노베터의 경제활동 분석의 개념 도식(Granovetter, 1990; 2002)을 이용하여 설명할 수 있다. 그라노베터의 개념 도식에는 행위자, 사회구조, 자원동원 등의 개념이 활용되어 다양한 요인이 상호 작용하는 '사회적 메커니즘'을 해명하는 모델로 활용되었다. 사회적 메커니즘의 해명에서 중심이 되는 개념은 '행위자는 구조에 배태된 자원을 어떻게 동원할 것인가'라는 '자원동원(resource mobilization)'의 개념이다. 사회적 메커니즘(구조)을 해명하는 데에는 그 시점에서 누가 중요한 행위자이며 어떤 특정한 역사적 배경 또는 기존의 경제 제도가 존재하며, 어떤 사회구조(네트워크, 문화, 정치 등)가 존재하는지, 또한 어떠한 자원이 존재하고 이들 자원을 동원하기 위하여 어떠한 행동을 하였는지, 그 결과 무엇이 일어났는가—어떻게 그것이 일어났는가—라는 '과정'의 분석이 중요하다(渡辺深(와타나베 신), 2008).

(3) 새로운 조직의 창조

세 번째 측면은 '새로운 조직의 창조'이다. 창업가란 새로운 조직체를 만드는 사람이며, 그 규모와는 상관없이 창업의 리스크를 감수하는 사람이다.

전술한 창업개념의 세 가지 측면 중에서 어느 것이 창업개념의 핵심적인 부분인가에 대해서는 논쟁이 있어 왔다(Aldrich, 2005: 456~458). 우선, 혁신이라는 단어를 창업가인지 아닌지의 기준으로 사용할 때의 문제점은 활동이 혁신적인지 아닌지를 분류하기 어려운 점에 있다. 만약,

분류 가능하다고 하더라도 혁신적이지 않지만, 회사를 창업한 사람을 창업가에 포함하지 않게 되는 것이 되어 선택 편중(selection bias)이 발생할 가능성이 있다. 혁신과 마찬가지로 기회 인지는 창업 활동 이외의 많은 활동에도 적용될 수 있는 기준이며, 마지막으로 새로운 조직의 창조로 연결되지 않으면 창업의 기준으로 활용하는 것은 어렵다. 또한, 이것은 개인의 심리학적인 측면을 강조하게 되는 것이다.

이에 본 연구에서는 창업가와 창업 활동의 작업 정의를 아래와 같이 정의하였다.

창업가(entrepreneur)는 '새로운 조직을 창조하는 사람', 그리고 창업 활동(entrepreneurship)은 '새로운 조직의 창조(Aldrich, 2005: 458)'로 정의하였다.

제2절 자영업자에 관한 조사

제1절에서는 주로 창업가의 정의와 창업가 이론에 대하여 논의하였다. 전술한 바와 같이 창업가란, '새로운 조직을 창조하는 사람(Aldrich, 2005: 458)'이다. 창업가와 관련된 조사로는 사회학의 '자영업자'에 관한 조사가 있다. 창업가가 되는 것은 자영업을 하는 것, 즉, 고용주(사업주)가 되는 것을 의미한다. 정확하게 자영업자는 회사를 설립한 '창업자'—창업가—, 그리고 부모의 사업을 계승하는 '계승자'가 포함된다. 창업가에게는 일정한 준비 기간을 거쳐 개업에 필요한 다양한 자원을 준비하고, 경력 중간에 피고용자(종업원) 상태에서 고용주(사업주) 상태로 이동하는 사례가 많다. 특히, 이 절에서는 자영업으로의 이동에 영향을 줄 것으로 예상되는 계층 요인, 라이프 코스 요인, 네트워크 요인에 착목하여, 각 선행연구의 조사결과

를 고찰하고자 한다.

(1) 계층 요인

자영업으로의 이동에 영향을 주는 계층 요인에 주목한 연구로는 이시다(Ishida, 2004), 정현숙(2002), 타케노시타(竹ノ下, 2011) 등의 조사를 들 수 있다.

이시다(Ishida, 2004)는 일본에서의 자영업으로 진입을 예측하기 위해서는 기업 규모와 기술 레벨(블루칼라 대 화이트칼라)이 중요하다는 선행연구의 지적을 고려하여 자영업 간의 직업 분리에 주목하였다. 그는 1995년 사회계층과 사회이동의 전국조사(SSM 조사 A: 응답자의 직업 전체에 대한 조사) 데이터를 활용하여 '전문직/관리직 자영업', '숙련직 자영업', '비숙련직 자영업'으로 자영업 직업을 분리하여 일본의 자영업으로의 진입과 퇴출의 패턴 및 그 결정 요인에 대하여 분석하였다. 이시다가 활용한 1995년 SSM 조사는 1980년대부터 1995년 시기의 데이터를 활용하여 전체 표본 수 2,653명(회수율 65.8%), 20세~60세 연령층에 한정한 샘플을 사용하였다. 과거에 농업에 종사한 사람, 조사 시점에 농업에 종사하는 사람은 샘플에서 제외되었다.

우선, '교육'과 '자영업 유형' 간에 강한 관련이 있는 것으로 나타났다. 고등교육을 받은 사람은 '전문직·관리직 자영업자'로 이동하는 경향이 있었다. 또한, '산업군'과 '자영업 유형' 간에 관련성이 보여 '전문직·관리직 자영업자'는 '기타 서비스'의 산업군(교육, 건강, 공공, 개인 서비스 등)에 집중되었다. '숙련 자영업자'는 건축업이나 전통적 서비스업(도소매업 등)에서 창업하고, '비숙련직 자영업자'는 서로 다른 산업군에 균등하게 분포하고 있는 특징이 발견되었다.

아울러 직업 유형과 관계없이 피고용자와 비교하여 자영업자 쪽이 '부친이 자영업자'의 비율이 높았다. 또한 '전문직·관리직 자영업자의 부친'이 있는 경우, 남녀 모두 '전문직·관리직 자영업자'가 되기 쉬웠다. 특히, 부친이 자영업자인 경우, 재정적 지원뿐만 아니라 창업에 필요한 기술이나 네트워크도 계승하기 때문에 창업단계와 생존단계 양쪽에 영향을 주는 경향이 있었다. 즉, 사업경영 방법·지식뿐만 아니라 독립·자립·위기를 극복하려는 의지 등의 개성을 포함한 자영업에 도움이 되는 환경으로의 사회화가 유소년기에 이루어질 가능성이 크다.

또한, 이전 직장이 '소기업'에서 일했던 사람은 중견기업과 대기업에서 일한 사람들보다도 자영업자가 되기 쉽다. '자영업자'는 소기업을 경영하는 경향이 있으므로 자영업자가 경영하는 환경을 접하게 되는 것은 자영업자로 진출할 기회를 확대할 가능성이 있다.

마지막으로 자영업직의 이동에서 '젠더 차이'가 보여진다. 남성은 여성보다 3배에서 4배까지 자영업자가 되기 쉽지만, 이러한 젠더 차이는 사회적 배경, 교육, 연령, 이전 노동시장의 특징을 통제하더라도 변함없었다. 또한, 전체적으로 남성 쪽이 사업을 계승하는 비율이 높고, 남성인 경우, '전문직·관리직의 자영업 계승'이 가장 높았다(83%). 한편 여성은 '비숙련 자영업 계승'이 가장 높은 것(78%)으로 나타났다.

정현숙(2002)은 1945년 전후의 자영업으로의 이동 경로를 규정하는 요인으로 출신계층, 학력, 경력에 초점을 맞추어 이동구조를 분석하였다. 자영업자의 전체적인 특징을 보면, 60% 이상이 같은 업종에서 근무하던 중소기업에서 이동한 사람이 많으며, 종업원으로서의 경력도 길었다. 또한, 1960년대는 자영업자가 되는 과정의 다양화가 보인다. 즉, 종래 '저학력·중소기업 노동자 패턴'에 더하여 '고학력 화이트칼라'가 전문능력에 의해 이동하는 새로운 패턴이 나타나기 시작하였다.

자영업 이동을 결정짓는 요인 중 하나로 생각되는 출신계층을 살펴보면, 부친이 자영업자인 경우, 자영업으로의 이동률이 높았다. 그리고 업종에 따른 계승화의 정도도 크게 다른 것으로 나타났다. 예를 들면, 역사가 짧은 업종에서는 '창업자'의 비율이 높았고, 역사가 오래된 재래산업에서는 '계승자'가 많았다. 창업자와 계승자의 특징을 보면, '창업자'는 중소기업에서 일하고, 비교적 조기에 창업하지만, 경제상황이 반드시 안정되어 있지는 않다. '계승자'는 비교적 오래된 기업의 집안에서 태어나, 대학교를 졸업하고, 취업하여, 부모와 형제가 경영하는 친족 회사에 입사한 후 시간이 지남에 따라 관리직이나 회사 임원이 된다.

또한, 학력 요인은 자영업 이동과는 별로 관계가 없으며, 저학력자이든 고학력자이든 커리어를 쌓은 후 일정한 준비 기간을 거쳐 자영업자가 되는 경향이 있었다. 마지막으로 자영업 이동자의 경력을 보면, '창업자'는 도중에 자영업으로 이동하는 사람이 많고, 특히 중소기업노동자에서 이동하는 경우가 많았다. 반대로 '계승자'는 첫 직장 일관형 이동이 많았고, 대부분이 가족 종업원이었다.

타케노시타(竹ノ下, 2011)는 세대 내 이동을 매개하는 여러 제도(노동시장 구조)에 착안하여, 동아시아 3개국(일본, 한국, 대만)의 노동시장 구조의 차이가 자영업으로의 마이크로(micro) 이동에 주는 효과에 대하여 분석하였다. 일본에서의 자영업으로의 이동패턴을 보면, 부친이 자영업이면, 비육체 노동(non-manual), 서비스, 숙련 또는 대부분의 직종에서 본인이 자영업으로 이동하는 데 유의미한 효과를 가진다. 그리고 세대 간 재생산의 경향도 강하며, 부모와 자식 간의 직접적인 사업 계승에 의하여 세대 간 재생산이 이루어지고 있다. 자영업으로 이동하는 연령은 20대 후반에서 30대 후반의 시기에 자영업으로 이동이 많고, 본인의 이전 직장의 직종과 자영업으로 이동한 후의 직업간의 관계(연대)도 상대

적으로 강한 것으로 나타났다. 특히 일본의 경우 비육체 노동에서 자영업으로의 유입이 상대적으로 많았다. 기업 규모를 보면, 중소기업에서의 취업경험이 자영업으로의 이동에 중요한 요인이 되는 것으로 나타났다. 마지막으로 일본에서는 자영업으로의 이동과 연결되는 인적자본과 관련된 변수 효과가 강한 점도 지적되고 있다.

(2) 라이프 코스 요인

라이프 코스 연구의 기반을 다진 엘더(Elder, G.H.)는 라이프 코스를 다음과 같이 정의하고 있다. 라이프 코스란 '연령으로 구별된 일생 동안의 몇 가지 궤적(trajectry), 즉, 인생에서 일어난 일들에 대한 시기(timing), 이행 기간(duration), 간격(spacing) 및 순서(order)에서 보이는 사회적 패턴이다(Elder, 1985).' 즉, 우리 개인의 행동은 시대나 사회 문화적 환경에 배태되어 있으므로 개인의 행동은 이러한 것들로부터 커다란 영향을 받는다. 개인이 경험하는 역할이행이나 사건 사고가 어느 시기에 일어나는가? 라는 '시기'에 따라 그 효과(영향)도 달라진다. 라이프 코스는 '역사적 시간과 공간', 중요한 타인과의 관계에 따라 구현화되는 '중첩된 인생', 그리고 '인간 행위력(human agency)'이라는 세 가지 요인의 상호작용 결과, 역할이행의 '시기(연령, 시대, 코호트(cohort)의 교차)'로 구현화되어, 사회적 패턴으로 나타난다고 설명한다(Elder, 1998/2003; 島崎(시마자키), 2008).

사람들의 직업 커리어를 라이프 코스 시점에서 분석하는 것은 매우 중요하다. 자영업으로의 이동에 영향을 주는 라이프 코스 요인에 주목한 연구로는 앨드리치(Aldrich, 1999/2007)와 소렌슨(Sørensen, 2007) 등의 조사가 있다.

앨드리치(Aldrich, 1999/2007)는 역사적인 사건이 서로 다른 연령 코호트에 유사한 영향을 주는 '시대적 배경'으로 1990년대 IT 혁명을 지적한다. 인터넷의 급증과 인터넷 기업의 거품(버블)은 모든 연령대 그룹에 있어서 창업 활동을 시작하는 경향에 대하여 큰 영향을 미쳤고, 창업 활동의 개시율을 사상 최고까지 증가시켰다고 논했다. 또한, 그는 유소년기, 청년기, 성인기의 세 가지 라이프 코스 시기를 활용하여 창업 활동 개시에 대한 부모의 영향에 관한 여러 조사결과를 검토하였다. 예를 들면, 블라우와 던컨의 조사에서는 미국 자영업자의 아들은 우연히 자영업자가 되는 사람보다도 12배 정도 자영업자가 될 가능성이 크다는 점을 지적하였다 (Blau and Duncan, 1967). 마찬가지로 렌츠와 라반드에 의하면, 1979년의 미국조사에서는 자영업자의 52%가 자신의 부모가 자영업자라고 보고하였다(Lentz and Laband, 1990). 더불어, 자영업자인 부모(부친보다도 모친)가 있을 경우 평균보다도 2배에서 3배 정도 자영업자로 이행할 가능성을 증가시킨다는 조사결과도 있었다(Dunn and Holtz-Eakin, 2000).

앨드리치(Aldrich, 1999/2007)는 Panel Study of Entrepreneurial Dynamics (PSED) 데이터에서 1999년~2000년 기간에 자영업 경험이 있는 부모를 둔 응답자의 샘플을 분석하여, 창업기 창업가(創業期起業家)가 되는 것에 부모가 미치는 영향에 대하여 분석하였다. 조사 결과에 의하면 응답자가 창업기 창업가인 점과 그들의 부모가 자영업자인 점 사이에 의미 있는 상관관계가 발견되지 않았다. 또한, 성인기에 자영업자가 되려고 하는 자녀에 대한 부모로부터의 경제적 지원이 없는 점도 밝혀졌다.

소렌슨(Sørensen, 2007)은 자영업자 부모를 둔 자녀는 왜 자영업자가 되기 쉬운가에 대하여, 자녀의 라이프 스테이지에 있어서 부모의 자영업 시기가 영향을 주며 자영업의 세대 간 이동의 메커니즘에 관한 논의에는 다음의 두 가지가 있다고 지적하였다. 우선, 자영업자의 사회화 과정에서 부모의 지위와 직업 가치관이 창업기 창업가에 영향을 준다는 논의가 있다. 다음으로 자영업자 부모를 두는 것은 롤 모델로서의 부모(부모의 육아와 가치관의 영향), 창업가에 대한 열망(aspiration), 창업가의 기술(가족 기업에 대한 직업 경험 등), 경제자본, 사회관계자본에 대한 조기 접근을 가능하게 하여, 이러한 요인이 자영업을 지향하게 한다는 논의가 있다.

소렌슨은 1980년대부터 1997년까지의 덴마크 IDA(Integreret Database for Arbejdsmarkedsforskning)의 데이터를 이용하여, 자영업의 세대 간 이동 메커니즘을 규명하였다. IDA 데이터는 29세~31세의 세 개 코호트의 라이프 코스에 관한 데이터 셋을 샘플로 활용하였다. 조사대상자는 1966년, 1967년, 1968년생으로 1980년 시점에 12세~14세 청년기의 아이들 228,372명이었다. 이 조사는 세 코호트가 29세~31세까지(1997년) 매년 이루어졌다.

소렌슨에 의하면, 응답자가 청년기(자녀의 의무교육이 끝나기 전) 시절에 부모가 자영업자이면, 부모가 자영업의 경험이 없는 경우보다 응답자가 자영업자가 될 확률이 53% 높다는 점이 관찰되었다. 또한, 응답자의 청년기와 성인기를 통하여 부모가 자영업자였던 경우, 응답자가 자영업자가 되는 확률은 84%였다. 또한, 부모가 자영업자인 경우, 자녀는 자신의 부모와 같은 산업에서 자영업자가 되는 경향이 있다. 부모는 사업에서의 직업 경험을 통해 더욱 효과적으로 창업 기회에 관한 지식을 자녀에게 전달할 수 있다고 지적한다.

(3) 네트워크 요인

창업자가 보유한 네트워크가 신규 창업에 주는 영향은 다양하다. 예를 들면, 창업에 필요한 자금이나 정보를 누구로부터 조달하는지, 종업원을 어디에서 모집하는지, 누구와 동업자가 될 것인지 등 창업자의 개인적 네트워크의 특성이 신규 창업뿐만 아니라, 이후의 경영 성과에 주는 효과에 대해서도 고찰할 필요가 있다. 여기에서는 사업주가 보유한 네트워크 특성을 분석한 조사로서 앨드리치와 사카노(Aldrich & Sakano, 1998), 미와(三輪, 2011)의 연구를 소개하고자 한다.

앨드리치와 사카노(Aldrich & Sakano, 1998)는 5개국(일본, 미국, 이탈리아, 북아일랜드, 스웨덴)에서의 중소기업 사업주의 개인 네트워크 연구를 통해 다음과 같은 특성을 밝혔다. 중소기업주의 특징으로는 '부친이 자영업자', '모친이 자영업'인 경향을 들 수 있다. 부친이 자영업인 경우가 54%를 차지하고 있으며, 이는 모든 나라에서 공통적으로 발견되는 특징이다. 모친이 자영업자인 경우는 14%이며, 특히 여성 사업주는 남성 사업주보다도 자영업을 경영하는 모친을 둘 비율이 높았으며 자영업자 모친은 딸에게 '롤 모델'로 기능하는 것으로 나타났다.

또한 '비즈니스에 관한 어드바이스를 구하는 상대로 당신은 어떤 관계(네트워크)를 가지고 있습니까(5명까지 리스트를 적어주세요)'라는 질문을 통해 각국에서의 중소기업 사업주의 개인 네트워크를 측정하고, 다음과 같은 네트워크 멤버의 특성을 규명하였다.

먼저, 어느 나라에서도 사업주의 '강한 연대(強い紐帯)의 네트워크(비즈니스 연대로부터 사업 어드바이스를 구함)'가 보였으며, 일본도 예외는 아니었다. 또한, 일본, 미국, 스웨덴의 경우 사업주의 개인 네트워크는 '복합형 연대(친구 및 비즈니스 동료의 결합)'가 일반적이었다. 사업주의 성별에 따른 개인 네트워크의 특성을 보면, 남성 사업주의 경우 자신의 네트워크에 여성 구성원이 평균적으로 1명 정도 포함되는 데 비하여, 여성 사업주의 경우에는 네트워크의 거의 40%가 여성 구성원인 것으로 나타났다.

　또한, 사업주가 개인 네트워크의 구성원과 어떻게 알게 되었는지에 대하여 조사한 결과, 각국 사업주의 약 30%가 그들과는 '브로커(제삼자)'를 통하여 알게 된 것으로 드러났다. 일본 사업주의 경우, 사업주 네트워크 구성원의 44%가 브로커를 통해 만난 것으로 나타났다. 그리고 브로커의 20%가 사업주 네트워크의 구성원이므로 브로커는 이미 사업주에 배태된 '사회관계'의 일부인 것으로 드러났다. 그리고 브로커의 영향(중요성)은 여성 사업주 쪽이 더욱 크고 여성 사업주의 경우에는 젠더 장벽의 문제를 극복하기 위하여 남성 사업주와의 네트워크를 구축할 때 남성 브로커를 통해 남성 사업주의 네트워크 멤버와 만나는 경향이 있었다. 마지막으로 앨드리치와 사카노는 자신의 네트워크를 확대하기 위하여 브로커에 의존하는 정도가 일본에서 높게 나타나는 이유에 대하여, 관계가 충성심이나 일반적인 신뢰에 의해 장기간 유지되고 상대적으로 경계가 뚜렷한 네트워크시스템을 반영하는 것이라고 주장하고, 다른 나라와 비교하여 일본 사업주의 개인 네트워크는 더욱 밀접히 연결되어 있다고 지적하였다.

　미와(三輪, 2011)는 출신계층(부모의 지위)과 네트워크 특성에 착안하여 자영업으로의 이동에 관하여 연구하였다. 미와는 '일의 방식과 라이프스타일에 관한 전국조사(Japanese Life course Panel Survey, JLPS)'의 데이터를 활용하여 일본 전국의 20세~40세 남녀 개인으로부터 20세~34세를 대상으로 한 청년 조사(若年調査), 35세~40세를 대상으로 한 장년층 조사(壯年調査)를 병합한 층화이단 무작위추출(層化二段無作爲抽出)을 실시하였다(유효 응답표 4,800명, 36%). 그는 제1차(2007년)에 더하여 제2차, 제3차 데이터도 부분적으로 활용하였다. 그 이유는 제1차 조사 시에는 자영업자가 아니었던 사람 중에 이후 2년 동안에 자영업으로 이동한 사람을 특정하여 종속변수로 활용하기 위한 것이었다. 다만 이 연구에서는 제2차, 제3차의 자영업 이동이 신규 창업인지 아닌지를 분석할 수 없다는 제약이 있다는 점에도 주의할 필요가 있다.

JLPS 데이터에서 미와는 자영업으로의 이동에 사회적 네트워크가 영향을 주는지, 만약 네트워크가 영향을 준다고 한다면 여기서 중요한 것은 정보인지, 자원인지에 대하여 분석하였다. 정보로서는 '일을 소개해달라고 부탁한다.', 자원동원으로는 '실업이나 병으로 돈이 필요할 때, 목돈을 빌려달라고 부탁한다.'라는 내용의 네트워크에 대하여 측정하였다. 또한, 네트워크 연대에서 특히 중요한 구성원(상대방)은 누구인지에 대하여 분석하였다.

우선, 자영업자의 취업 경로 조사결과에 의하면 '첫 직장부터 자영업'의 경우, 가업을 이은 사람이 32%로 가장 많았고, 자신이 창업한 사람은 21%, 친구 및 지인의 소개로 시작한 사람이 15%를 차지하였다. '도중에 자영업자'가 되는 경우 자신이 창업한 사람이 54%로 가장 많았고, 가업을 잇는 사람이 22%를 차지하였다.

자영업으로의 이동을 규정하는 요인을 분석한 결과, 정보원(情報源)으로서 '사회적 네트워크'가 있는 경우, 즉 일하면서 알게 된 모델에서는 자영업으로 이동하기 쉬운 것으로 밝혀졌다. 특히, '일 관계의 친구와 지인'이 압도적으로 큰 효과를 가진 것으로 나타났다. 그 밖에 기업 규모가 작을수록 자영업으로의 이동이 보이며, 부친이 경영자, 자영업자였던 경우에 본인이 자영업자가 되기 쉽다는 점이 밝혀졌다.

또한, 자영업으로의 이동의 규정 요인에서 남녀 차를 살펴보면, 사회적 네트워크가 자영업의 창업이나 이동을 촉진하는 의미를 갖는 것은 남성의 경우에만 찾아볼 수 있었다. 남성의 경우에는 '기타 친구 및 지인'과의 연대가 자영업으로의 이동에서 유용한 정보원이지만, 여성의 경우에는 네트워크변수의 모든 것이 통계적으로 유의미한 상관관계를 발견하지 못하였다. 즉, 네트워크 효과는 여성에게서는 발견되지 않았으며, 남성에 한정되어 있다는 점이 드러났다.

제3절 여성 창업가에 관한 조사

(1) 미국 여성 창업가에 관한 선행연구

여성 창업가의 급성장은 1970년대부터 시작되었으며 여성 창업가의 이러한 발전은 세계에서도 가장 중요한 경제적, 사회적 발전의 하나로 불리고 있다. 미국 여성경영기업은 과거 20년간 큰 폭으로 증가하였으며, 미국 상무부 국세조사국의 조사에 의하면 2007년 시점에서 여성이 대표로 근무하는 기업은 약 780만사이며, 비농업 부문의 민간기업 전체의 28.7%를 차지하였다. 또한, 매출은 1.2조 엔으로 760만 명을 고용하고 있는 것으로 보고되었다(三菱UFJリサーチ&コンサルティング, 2011). 이처럼 여성 창업가의 증가가 미국 국내 및 국외에 주는 영향은 크며, 여성 창업가에 관한 연구에서는 여성 창업가의 창업 동기와 그녀들이 직면하고 있는 장애 요인(Orser 외, 2000), 여성 창업가의 특징(Moore & Buttner, 1997), 여성 창업가의 개인적 특성에서 인종 간 차이점(DeCarlo & Lyons, 1979; Inman, 2000; Smith-Hunter, 2003) 등에 착안한 연구가 수행되었다.

그러나 창업가 연구에서 여성 창업가는 처음부터 남성 창업가와 분리되어 별도의 연구대상으로 연구되어 오지는 않았다. 무어(Moore, 1999)에 따르면, 초기 창업가 연구에서 여성 창업가는 남성 창업가와 같은 특징이나 동기를 가질 것으로 상정되어, 연구결과는 모두 남성 창업가와 함께 다루어졌다. 남성 창업가와는 별도의 연구대상(그룹)으로서 여성 창업가의 조사가 발전하기 시작한 것은 1970년대 후반이다. 초기 연구에서는 주로 남성 지배적인 산업에 관한 연구에서 '심리적·사회적 특징'의 비교분석이 수행되었다.

이러한 연구에서 밝혀진 점은 여성 창업가에게는 고학력 여성이 많은 점, 소매업이나 서비스업과 같은 중소규모의 사업에 집중하고 있는 점, 더불어 인적자본과 사회관계자본 등이 부족한 점 등이 열거되었다(Smith-Hunter, 2006).

무어(Moore, 1998; 1990)는 훈련, 전 직장의 취업경험, 지향에 의한 여성 창업가를 '전통적 여성 창업가'와 '현대적 여성 창업가'로 그룹화하였다. 1980년대 이전의 여성 창업가에 대한 조사는 여성 창업가의 '전통적 창업가 모델(스테레오타입화된 여성의 직업 역할)'을 제시하여 그녀들의 동기, 심리, 경영 스타일은 '전통적 가치'를 반영하고 있다는 결과를 제시하였다. 이 시기에 만들어진 많은 비즈니스는 개인사업자, 저소득, 소자본, 소규모, 저성장 기업이었다. 다음으로 '제2세대(Gregg, 1985) 또는 현대적 여성 창업가(Moore, 1987a; 1987b; 1990)'로 불리는 새로운 그룹이 1980년대에 많이 나타나기 시작하였다. 현대적 여성 창업가는 여성 창업가의 패러다임에 혁명을 일으켰다고 할 수 있다.

1990년대 여성 창업가는 모든 종류의 시장과 산업부문에서 비즈니스 벤처를 개시하여 많은 기술과 지식을 발전시킨 것으로 드러났다. 창업가는 '인큐베이터의 경험(전 직장에서의 경험)'과 유사한 산업부문에서 창업하지만 유사한 상품 및 서비스를 취급하는 사업에서 창업하는 것으로 밝혀졌다.

1991년 이후 여성 창업가에 관한 상황에 관하여 고찰한 연구로는 다음과 같은 5개의 유형이 있다.

① 행동, 스테레오타입, 역할

② 성과, 추이, 소유권 범위, 부채 상황

③ 네트워크, 상호 접근, 소속

④ 성별 차이에 관한 조사

⑤ 창업가의 커리어 유형

무어와 버트너(Moore & Buttner, 1997)는 창업가의 유형으로 '출세지향형(corporate climbers)과 의도적 창업가(intentional entrepreneurs)'라는 두 가지 커리어 그룹으로 분류하였다.

① '출세지향자'는 조직의 정상으로의 진출이라는 아메리칸 드림을 좇아 일을 작하지만, 여성의 커리어 발달에 대한 조직·기업문화의 장벽에 가로막혀 비즈니스 오너십에 대한 동기가 강화된다. 그리고 조직을 사직하면 배출요인과 자신의 회사를 창업하는 흡인요인의 결합이 창업가의 탄생으로 이어진다.

② '의도적 창업가'는 조직 내의 커리어 형성을 지향하지 않고 자기 자신의 사업을 일으킨다는 생애의 목표를 가지고 이를 위하여 필요한 경험을 취득하기 위하여 커리어를 형성하고 창업한다.

스미스 헌터(Smith-Hunter, 2006)는 <그림 8>에 제시한 바와 같이 '자원동원 접근'에서 여성 창업의 '인종 간 비교'를 시도했다. 그녀는 백인 여성 창업가와 마이너리티 여성 창업가(아프리카계, 히스패닉, 네이티브 아메리칸, 아시아계)를 비교하여 3개의 자원(인적자본, 사회관계자본, 경제자본)과 여성 창업가의 비즈니스성공과의 사이의 관계를 분석했다. 그녀는 '인적자본'에는 사업주의 경험, 직무 경험, 교육 레벨, 가족 성원 수, 사업을 돕는 친구나 조직, '경제자본'에는 매출액, 총이익, 사업주의 순이익과 개인 수입, 그리고 '사회관계자본'에는 조직, 친구, 가족 구성원으로부터의 조력을 작업 정의로 사용하였다.

조사결과에 의하면 백인 여성은 마이너리티 여성보다 인적자본(고학력, 전 직장의 취업경험 및 자영업 경험)과 사회관계자본(회원제 혹은 공식적인 조직참가)을 많이 보유하였다. 다만, 백인 여성도 마이너리티 여성도 창업 시 자본획득이 곤란하다는 공통의 문제점이 밝혀졌다.

추가적으로 다양한 자본이 창업가의 창업에 대한 의욕과 창업 가능성에 미치는 영향에 관한 연구는 앨드리치와 그의 공동연구자(Aldrich & Zimmer, 2011; Aldrich, Elam, and Reese, 2011; Aldrich, Renzulli, and Moody, 2011; Aldrich&Lisa, 2011)에 의한 연구들이 있다.

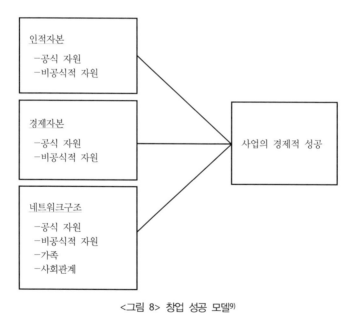

<그림 8> 창업 성공 모델[9]

---

9) Smith-Hunter, A., 2006, *Women Entrepreneurs in Racial Lines: Issues of Human Capital, Financial Capital and Network Structures*, Edward Elgar.

앨드리치와 리사(Aldrich & Lisa, 2011)는 미국에서 창업가의 창업의욕에 대해 3개의 자본(경제자본, 인적자본, 문화자본)이 미치는 영향에 대하여 논의하였다. PSED(Panel Study of Entrepreneurial Dynamics, 1998-2000) 데이터를 활용하여, 창업개시에 대한 시도(의욕)를 분석한 결과, 경제자본, 문화자본과 창업에 대한 의욕 사이에는 상관관계가 없는 것으로 나타났다. 그리고 창업가의 66%가 창업에 필요한 초기자본을 개인 자산에서 확보하고 있었으며, 자영업자인 부모가 있는 사람이 샐러리맨 부모를 둔 사람보다 창업을 시도하려는 경향도 나타나지 않았다.

그러나 '인적자본'과 '창업가의 창업개시 의욕' 사이에서는 유의미한 상관관계를 발견하였다. 인적자본의 요인 중 하나인 '교육수준'에 대해서는 고등교육이 창업의욕에 영향을 미치고 있으며, 대학 졸업자가 고등학교 졸업자보다 2배 가까이 창업가가 될 가능성이 컸다. 그러나 대학원 졸업자는 창업의욕에 영향을 미치지 않았고, 낮은 교육수준 혹은 너무 높은 교육수준은 창업시도를 방해한다고 앨드리치는 지적하였다. 인적자본의 또 다른 요인인 '직업 경험'에 대해서는 관리직 경험이 창업의욕에 영향을 미쳤다. 그 밖에 직업 경험(일반사무직 경험 및 과거의 창업경험, 현재 자영업에서 얻은 경험)은 창업의욕과의 유의미한 상관관계를 발견할 수 없었다.

또한, 앨드리치와 짐머(Aldrich & Zimmer, 2011)는 '사회적 문맥에 배태된 창업 활동'에 초점을 두고 소셜네트워크(사회관계자본)와 창업 활동의 관계에 대하여 논의하였다. 그들은 창업이란 '지속적인 사회적 관계의 네트워크에 배태된 것'이며, 창업은 의욕적인 창업가와 자원, 기회 사이의 연결에 의해 촉진되거나 제한되는 것으로 생각하였다. 또한, 사회적 네트워크에 위치하는 많은 창업가가 '브로커 역할(정보 확대와 자원의 촉진)'을 한다고 지적하였다. 성공한 창업가는 적시에 정확한 정보를 제공하는 위치에 있는 사람, 혹은 약한 연대(다양성이 풍부한 네트워크)를 가진 위치에 있다고 논의하였다. 즉, 창업은 사회적 문맥(지속적인 사회관계 네트워크) 속에 배태되어 있으며, 사회적 네트워크는 잠재적인 창업가의 활동을 촉진하거나 억제한다고 주장하였다.

앨드리치, 엘람, 리즈의 연구(Aldrich, Elam, and Reese, 2011)는 '네트워킹 행동에서의 젠더 차이'가 남녀 창업가의 창업에 필요한 지원 획득(재정, 융자, 전문적 지식, 법률)에 미치는 영향에 대하여 밝혀냈다. 그들은 선행연구 검토에 기초하여, '강한 유대'에 있어서 남녀 창업가 사이에 젠더 차이가 존재하고, 이러한 구조적 제한과 젠더화 된 사회화의 영향에 의해 여성은 남성보다도 '약한 유대'에 의존하거나, 혹은 잘 모르는 사람(strangers)과의 접촉에 의존한다는 것을 확인하였다. 그러나 선행연구에서 지적된 젠더 장벽이나 불이익에도 불구하고, 여성 창업가는 성공할 것으로 보인다고 지적하였다. 가령, 여성 창업가는 '약한 유대'나 '잘 모르는 사람'과의 접촉에 의한 사회관계에서 창업에 필요한 자원이나 지원을 동원할 가능성이 있다고 가정하였다.

그들은 Research Triangle Park Area of North California의 창업가 네트워크에 관한 두 번의 패널조사 데이터를 활용하여, 남성 창업가와 여성 창업가의 창업에 필요한 지원획득을 위한 네트워크 형성의 차이를 분석하였다. 이 조사 데이터는 1990년에 처음으로 접촉하고 1992년에 다시 인터뷰한 217명(남성 157명, 여성 60명)에 한정한 것이다. 사업주의 연령은 남녀 창업가의 2/3 정도가 35세~54세를 차지하였으며, 창업한 지 4년 미만의 남성 창업가는 59%, 여성 창업가는 51%를 차지하였다. 대부분의 사업은 '서비스 부문'이었으며, 남녀 창업가의 산업분포의 차이는 발견할 수 없었다.

조사결과에 따르면, 법률지원을 제외한 세 가지 지원획득에서 남녀 모두 활발하게 네트워크를 형성하고 있었으며, 사업상담 네트워크에 의해 제공된 정보나 서포트는 창업 가능성과 창업 후 사업의 생존에 그다지 영향을 주지 않은 것으로 나타났다. 또한, 지원을 요청할 때, 가족보다도 '친구, 직장동료'의 네트워크를 활용하고 있으며, 알지 못하는 사람에게 지원을 요청하는 것에 소극적이지 않다는 것도 알 수 있었다. 또한, 여성의 경우, 회계사나 융자담당자가 필요할 때, 가능한 다른 여성 창업가의 조언을 구하는 경향이 있다는 점도 지적되었다. 더불어, 여성이 동창회 네트워크(old boy network) 구성원이 아닌 점이 지원을 획득하는데 있어 불이익을 초래하는 것으로 보이지 않는다고 지적하였다. 왜냐하면, 여성 창업가는 법률지원이나 재정지원에서 시중 가격보다도 저렴한 가격으로 창업에 필요한 원조를 획득하고 있기 때문이다.

앨드리치, 렌줄리, 무디의 연구(Aldrich, Renzulli, and Moody, 2011)는 남녀 창업가의 '사회관계자본'과 '창업 가능성' 사이의 상관관계를 검증하였다. 이 연구는 남녀 창업가 네트워크의 '이질성'과 네트워크에서의 '친족구성'에 주목하여, 네트워크의 이질성과 네트워크의 구성이 창업 가능성에 미치는 영향을 밝혔다.

우선, 사업상담 네트워크가 이질적일수록 창업할 가능성이 더욱 커지는 것으로 나타났다. 이는 버트(Burt, 1992)가 지적한 것처럼 동질적인 네트워크를 가진 사람보다도 이질적인 네트워크를 가진 창업가 쪽이 다양한 정보원에 접근할 수 있기 때문이다. 또한, 상담 네트워크에서 친족의 비율이 낮을수록(반대로 동료나 지인 등의 비율이 높을수록), 창업할 가능성이 더욱 커지는 것으로 나타났다. 그러나 남녀 창업가와 '네트워크 구성(친족 네트워크, 또는 동료·지인 네트워크 중 하나)' 사이에는 유의미한 상관관계를 발견할 수 없었으며, 젠더 차이도 발견할 수 없었다. 그 이유는 남녀의 상담 네트워크 구성은 다르지만, 네트워크 범위나 창업 활동을 이어주는 메커니즘은 유사하기 때문일 것이라고 주장하였다.

루에프(Ruef, 2010)는 창업가 집단(Entrepreneurial Group)의 개념을 활용하여 창업 활동은 개인의 활동이라기보다는 오히려 창업파트너와 연대·협력에 의한 집합행위라고 주장하였다. 실제로 미국 창업가의 절반 이상이 복수의 파트너와 함께 창업하였다는 조사결과도 있다. 이 결과는 미디어와 학자가 제창하는 '기회를 잡는 것에 탁월한 한 명의 창업가가 시장에 혁신을 가져온다.'라는 신화를 뒤집는 것이다. 창업가 집단의 특성으로는 다음과 같은 네 가지 경향을 들 수 있다. 우선, 성별, 인종, 연령 등의 속성에 있어 동질적인 집단이다. 다음으로 배우자, 친족 등의 친밀한 관계에 있는 사람이 파트너이다. 또한, 비즈니스를 창업하는 장소로서는 자택 또는 가상 오피스가 많다. 마지막으로 창업목적은 물질적 행복(금전적 보상)보다는 사회적, 심리적인 달성(비금전적인 자기실현이나 자율성)이었다. 남성 창업가와 비교하여 여성 창업가에서는 물질적 행복이 그다지 강조되지 않는 경향이 있었다(Ruef, 2010: 191).

또한, 루에프는 '창업가 집단의 혁신'에 영향을 미치는 요인으로서 다음과 같은 두 가지의 네트워크 특성을 들었다(Ruef, 2010: 183). 우선 '약한 연대 가설(Granovetter, 1973)'에서 제창하는 것과 같이 약한 연대를 활용할 수 있는 창업가는 강한 연대를 활용한 창업가보다도 새롭고 중복되지 않는 정보를 획득하는 경향이 있었다. 아이디어의 조합을 통한 혁신은 배우자나 친족 등과의 강한 연대보다는 지인들과의 약한 연대를 통해 발생하기 쉬웠다. 약한 연대 쪽이 다양한 아이디어의 조합을 실행하거나 실험하는 것이 가능하다는 것을 알 수 있다. 반대로 강한 연대는 규범에 대한 동조의 압력이 발생하므로 혁신을 촉진하는 요인이 되기는 어렵다. 다음으로 혁신은 창업가 집단의 구성원의 다양성에 의해 발생하기 쉽다. 집단구성원의 다양성은 집단의 규모와 관계하므로 창업파트너의 팀 규모가 크면 혁신이 일어나기 쉽다.

상기 네트워크 특성에 더하여, 루에프는 특정 취업경험으로부터 아이디어에 너무 의존하면, 정보의 흐름을 제한하여 새로운 발견을 억제한다는 '문화적 배태성(cultural embeddedness)'의 영향에 대하여 지적하였다(Ruef, 2010: 170-171). 즉, 창업가가 처한 문화적 맥락이 중요하며, 혁신적인 아이디어를 가진 창업가이더라도 그 아이디어를 받아들이는 집단에 속하지 않으면 혁신을 실현할 수 없을 것이다.

(2) 일본의 여성 창업가 연구

북미 유럽과 비교하여 일본의 여성 창업가에 관한 연구의 축적은 적고, 전체상을 파악할 수 있는 통계적 데이터도 많지 않다. 특히 창업자로서의 여성 창업가에게 초점을 둔 조사는 거의 없다. 여기에서는 여성 경영자(여성 창업가를 포함)에 관한 몇 안 되는 조사로 국민생활금융공고 종합연구소(国民生活金融公庫総合研究所, 2003) 및 경제산업성의 위탁을 받아 미츠비시UFJ리서치&컨설팅(三菱UFJリサーチ＆コンサルティング, 2011)이 실시한 조사를 통해 여성 창업가의 특성에 관하여 기술하고자 한다.

우선, 국민생활금융공고 종합연구소는 신규 창업기업의 실태를 파악하기 위하여 국민생활금융공고의 전국 지점이 1999년 4월부터 2002년 3월에 걸쳐 융자한 기업을 대상으로 '여성 경영자에 관한 실태조사'를 실시하였다. 이 조사는 여성이 대표인 기업 1,109개사와 남성이 대표인 기업 3,879개사로부터 회수한 데이터에서 남성 경영자와 여성 경영자의 특징 및 과제에 대하여 고찰한 것이다(국민생활금융공고 종합연구소, 2003).

먼저, '경영자의 속성'에 대하여 살펴보면, '경영자가 된 경위'에 대하여 '스스로 창업한(창업자)' 비율은 남성(72%)과 비교하여 여성(78.6%)이 약간 많았다. 한편, '가족의 뒤를 이은(경영자)'의 비율은 여성(11.1%)보다 남성(20.6%)이 거의 2배 정도였다. 여성 경영자는 남성 경영자에 비교하여 가족의 사업을 계승하는 것보다도 스스로 사업을 일으킨 창업자가 많다는 특징을 가지고 있었다.

또한, '창업 시 연령'을 살펴보면, 창업자인 경우, 남녀 모두 30세~39세가 가장 많았으며, 남성은 40.7%, 여성은 33.7%를 차지하였다. 한편 남성의 90% 정도가 50세 미만에 창업하는 것에 비하여 여성 경영자의 22.3%가 50세를 넘어서도 창업하는 경향이 있었다. 창업 시 평균연령은 남성이 37.2세, 여성이 40.8세로 여성 경영자의 창업연령이 다소 높았다. '최종학력'은 여성 쪽이 전문학교·각종학교(專修/各種学校)를 졸업한 사람의 비율이 높았다. 그 이유는 여성이 경영하는 사업에는 이미용실, 방문간호 등의 '서비스업'이 많았고, 국가 자격취득 및 전문기술의 획득이 필요하기 때문이다. 마지막으로 '경영자가 되기 전의 직업'에 대해서 관리직이었던 비율은 남성 경영자(32%)가 여성 경영자(15.6%)보다 많았다. 후생노동성 고용균등 육아가정국(厚生労働省雇用均等·児童家庭局, 2006)의 조사결과에서도 지적된 바와 같이 여성의 신규창업자는 남성보다 '이전 직장 없음'이나 이전 직장에서 '파트타이머 또는 아르바이트'의 비율이 높고, 취업경험이 반드시 충분하지 않다는 것을 알 수 있다. 이처럼 여성 경영자에는 '창업 전 직업 경험'이 없는 사람도 많다는 특징이 있다.

남녀경영자의 '기업의 속성'에 대하여 살펴보자. 먼저, '업종'의 경우, 여성은 '소비자 지향 서비스업(33.1%)' 및 '소매업(25.3%)', '음식점(14.6%)' 등의 사업을 경영하고, 남성은 '소매업(19.8%)'과 '건축업(17. 6%)', '제조업(13%)'을 경영하는 경향을 보였다. 후생노동성 고용균등·육아가정국(2007)의 조사결과에서도 여성 창업가가 3차 산업(서비스업이나 도·소매업, 음식점·숙박업)의 80% 정도를 차지하고 있다는 동일한 결과가 관찰되었다.

또한, 여성경영기업의 60%가 '개인경영'인데 대하여 남성경영기업의 70% 가까이가 '법인기업(유한회사, 주식회사, 기타 법인)'이었다. 이 조사결과는 2013년도의 여성 기업형태를 조사한 중소기업청의 조사결과에서도 재확인되었다. 여성의 경우 개인사업자(개인기업)를 선택한 비율이 74.4%로 가장 많고, 이어서 '주식회사, 유한회사(24.3%)', '특정비영리활동법인(1.3%)'이었다(중소기업백서(中小企業白書), 2013). 오이시(大石, 2000)가 지적한 것처럼, 여성 창업가의 특징 중 하나인 작은 규모로 시작하여 크게 키우는 경영방법(개인사업으로 시작하여 서서히 법인화)의 경향이 이 조사에서도 확인되었다.

여성 창업가가 '개인사업자'로서 창업한 이유 중 하나로 창업 시 획득할 수 있는 자원의 부족 문제를 지적할 수 있을 것이다. 국민생활금융공고연구소(国民生活金融公庫総合研究所, 2003)에 따른 조사결과에서도 사업에 필요한 경영지식(세무, 경리, 노무 등)을 살펴보면, '창업 시 경영지식을 가지고 있지 않았다'라고 응답한 여성 경영자는 48.3%였으며, 남성 경영자(43.9%)와 비교하여 약간 많았다. 이처럼 여성의 경우, 남성 경영자와 비교하여 이전 직장 커리어의 부족, 비공식적인 네트워크의 부족에 의해 창업에 필요한 자원에 접근하기 어렵고 처음에 소액의 창업자금으로 창업할 수 있는 '개인사업자'로 창업하여, 법인화가 초래하는 거래처와의 사업상의 신뢰를 이유로 법인화되는 경향을 보였다.

'종업원 규모(비정규직을 포함한 기업당 평균 종업원 수)'를 보면, 남성경영기업이 9.9명, 여성경영기업이 6.3명이었다. 그리고 여성경영기업의 특징으로는 여성이 경영하는 기업에서는 '여성 종업원 비율'이 많고, 또한, '정규직(1.4명)'보다도 '비정규직(2.1명)'의 비율이 높은 점이 지적되었다. 이처럼 여성의 비정규직 비율이 높은 이유는 가사나 육아와 일의 양립을 배려한 탄력적인 취업형태를 취하기 때문이다. 즉, 여성이 경영하는 기업은 여성의 고용을 창출하는 경향이 있었다.

마지막으로 여성 경영자의 창업 동기, 창업에 필요한 지식, 노하우 취득, 경영방침, 판로 획득방법, 자금조달에 대해서는 다음과 같은 조사결과가 보고되었다. 우선 여성 경영자의 '창업 동기'는 커리어형(기업 경험과 관리직 경험을 함께 가지고 있으며 커리어 중단이 없음)에서는 '능력 발휘'의 비율이 높고, 기타 유형의 경영자(배우자의 유무에 따른 세 가지 분류: 배우자 있음, 배우자 없음, 이혼과 사별)에서는 연령과 관계없이 일할 수 있기 때문이라는 이유를 들었다.

'창업에 필요한 지식과 노하우'는 '세리사 등의 민간 전문가를 통하여', '공적인 상담창구'로부터 취득하였다. 또한, 경영상 경영자가 가장 중시하는 것이 무엇인가에 대해 질문한 결과, '이익'이라고 응답한 비율은 남성이 47.6%, 여성이 30%였다. 한편 여성이 경영상 가장 중시하는 것으로 '제품 및 서비스 품질'이라고 응답한 비율은 44.6%를 차지하였다. 그러나 이러한 경향은 창업 이후 경영 연수가 진행됨에 따라 변화하였다. 경영 연수가 10년 미만인 창업가가 '이익'을 중시하는 비율은 28%, 10년 이상이 되면 34.2%로 증가하였다. 이처럼 여성 경영자의 경영방침이 '제품 및 서비스 품질'에서 '이익'으로 바뀌는 이유로는 작은 규모로 시작하여 크게 키우는 즉, 점점 이윤을 추구하는 조직형태로 바뀌기 때문으로 생각된다.

'판로 개척방법'은 남성 경영자가 '공식 네트워크(영업담당자나 거래처를 통한 공식적인 관계에 의한 것)'를 통해 판로를 확보하는 것에 비해 여성 경영자는 '비공식 네트워크(지인이니 친구)'로부터 고객을 확보하는 경향이 있었다. 여성 경영자는 남성 경영자와 비교하여 전 직장의 경험이 부족하고 창업에 필요한 자원을 확보할 수 있는 네트워크가 적은 것이 그 요인으로 생각된다. 또한 '자금조달' 면에서도 여성 경영자는 남성 경영자와 비교하여 '금융기관으로부터 차입'한 비율이 낮았다(남성은 89%, 여성은 63.9%). 여성 경영자의 경우 금융기관이나 기업 간 신용의 이용보다도 '자신의 급여로 충당(46.4%)', '가족이나 친척으로부터 차입(25.6%)'하는 경향이 강했다.

다음으로 경제산업성의 위탁을 받아 일본 여성 창업가의 창업상황 및 여러 외국(미국, 한국, 프랑스)의 실태를 참고하여 여성 창업에 대한 과제, 시책을 검토한 조사로 '2010년 여성 창업가 실태조사보고서(三菱UFJリサーチ&コンサルティング, 2011)'가 있다. 이는 일본정책금융공고종합연구소(日本政策金融公庫総合研究所)의 '2009년도 신규창업실태조사' 및 '2009년도 신규창업실태조사(특별조사)'의 원자료를 활용하여 남녀별로 재집계하여 여성 창업가의 창업 시 실태나 의식을 분석한 조사이다. 또한, 두 개의 데이터로 충분히 파악할 수 없었던 창업실태를 분석하기 위하여 20세 이상의 창업한 지 10년 미만의 남성 경영자(309명), 여성 경영자(309명)를 대상으로 2011년 3월 4일부터 3월 5일에 걸친 인터넷 조사를 하였다.

우선 '신규창업실태조사' 및 '신규창업실태조사(특별조사)'의 조사결과에서 '경영형태'를 보면, 남성과 비교해 여성 쪽의 '개인경영'의 비율이 높고, 매출 규모나 사업 확대지향이 낮은 것으로 나타났다. '향후 사업 규모'에 대해 질문한 결과 '확대하고 싶다'라고 응답한 비율은 남성이 60% 이상인 데 비하여 여성은 50% 이하라는 결과를 보였다. '창업 장소를 선택할 시 무엇을 고려하였는가?'라고 질문한 결과 '가정 사정을 많이 고려했다.'라고 응답한 여성 비율이 남성보다 높았고, 특히 육아나 가사에 쫓기는 30대, 40대 세대에서 비율이 높게 나타났다.

'창업 전 취업 기간'은 남성은 여성에 비교하여 3년 이상 길고 '창업 직전 직업'에서도 '정규직(관리직, 관리직 이외)'의 비율이 높았다. 이는 '전 직장과 현재 사업과의 관계'에서 남녀차이에 영향을 미치는 요인의 하나로 생각할 수 있다. 즉, '전 직장과 현재의 사업과의 관계'에 대한 질문에서 남성은 여성의 거의 2배의 확률로 '전 직장과 관계있는 사업'에서 창업한 것으로 나타났다. 이 점에 대해서 마찬가지로 앨드리치(Aldrich, 2005)는 '전 직장에서의 경험'이 창업에 중요한 영향을 미친다고 주장하였다. 예를 들면, 창업가는 전 직장의 조직과 유사한 상품이나 혹은 유사한 산업에서 사업을 일으키고, 같은 고객에게 제품과 서비스를 제공하는 경향이 있었다. 그리고 어떤 직무를 맡았던 사람은 그 직업의 하위공동체에 속하는 영역에서 창업하였다. 예를 들면, 전직 경찰관이 탐정이나 사설 경비업체 일로 이동하는 경우를 생각할 수 있다. 이처럼 창업에서 '전 직장에서의 경험'이 중요한 자원(인적자본)의 하나로 생각하면 전 직장에서 정규고용 비율이 높고, 취업 기간이 긴 남성이 여성보다도 전 직장과 관련된 사업에서 창업하기 쉬운 것으로 생각할 수 있다.

마지막으로 인터넷조사 결과에 따르면, '창업 준비를 시작한 연령' 및 '창업한 연령'에 대하여 여성(각각 평균연령: 35.5세와 36.5세)은 남성(39.9세와 41세)보다도 평균연령이 낮고, 청년세대에 창업하는 사람이 많았다. '경영형태'에 대해서는 남녀 모두 '개인경영' 비율이 높고, 남성은 71.8%, 여성은 82.8%를 차지하였다. 사업 규모에서는 여성이 남성보다 종업원 수나 월매출이 적은 것으로 나타났다.

제4절 요약

제2장에서는 먼저 창업가와 창업에 관한 선행연구를 검토하고, '창업가'의 개념에 대하여 논의하였다. 창업가는 '새롭게 결합하고(혁신)', '기회를 인지하고(가격 차, 구조적 결함을 파악하고)', '기회에 대하여 (문화적) 해석을 가하고', '새로운 조직을 창조하는' 등의 '창업 활동'의 여러 측면을 가지고 있지만, 본 연구에서는 창업가를 '새로운 조직을 창조하는 사람'으로 정의하였다.

창업가는 '회사를 세우는 창업자', 즉, 자영업자이다. 여기서는 자영업자에 관한 연구를 개관하여 자영업(창업가)에 영향을 미치는 3개의 요인(계층 요인, 라이프 코스 요인, 네트워크 요인)을 고찰하였다. 먼저, '계층 요인'에서는 '부친이 자영업자인 경우'가 본인이 자영업자가 되기 쉬우며, 더불어 부친으로부터 재정적 지원뿐만 아니라 창업에 필요한 기술과 네트워크를 계승하는 경향이 지적되었다. 또한, 고등교육을 받은 사람은 '전문직/관리직 자영업자'로 이동할 가능성이 있다. 다음으로 '라이프 코스 요인'에서는 '자녀의 라이프 스테이지에 있어서의 부모의 자영업 시기', 혹은 IT 혁명과 같은 '시대 효과'가 창업 활동에 영향을 미친다. 유소년기나 청년기에 자영업자인 부모가 있으면, 그들이 '롤 모델'로서 기능하고, 자녀는 '직업 가치관', '직업 경험(경영 스타일이나 노하우)', 혹은 '창업가에 대한 동경'을 학습한다. 또한 '시대 효과'는 창업 활동 개시에 영향을 주는 요인이다. 마지막으로 '네트워크 요인'은 창업 활동을 시작할 때, 누구로부터 자본을 입수하였는지, 누구와 파트너가 될 것인가 등 '사회관계자본'으로서 창업 활동에 영향을 주는 요인들이다.

또한, 미국과 일본의 여성 창업가에 관한 선행연구에서 여성 창업가의 역사적 배경을 개관하고, 여성 창업가의 현황을 밝혔다. 미국의 여성 창업가에 관한 연구는 '자원동원'에 착안하여 창업가의 '남녀 비교' 혹은 '인종 간 비교'를 실시하였다. 조사결과를 보면 여성 창업가는 인종과 관계없이 '인적자본', '사회관계자본', '경제자본'에 대한 접근이 용이하지 않았으며, 이들 자본을 어떻게 획득하는지가 창업 활동에 중요하다고 지적되었다. 나아가 일본의 여성 창업가에 관한 연구에서도 남성 창업가보다 여성 창업가는 창업 활동에 동원할 수 있는 자본에 대한 접근이 곤란하였다고 논의되고 있다. 또한, 일본의 경우에는 여성 창업가에게 초점을 둔 조사가 적고, 자원동원에 착안한 연구도 거의 찾아볼 수 없었다.

이러한 상황에서 여성 창업가의 커리어 형성에서 어떻게 4개의 자본(인적자본, 문화자본, 사회관계자본, 경제자본)을 획득하였는지를 이해하는 것이 본 연구의 중요한 과제였다. 따라서 제3장에서는 여성 창업가의 커리어 형성과정에서 어떻게 4개의 자본을 획득하고 축적하였는지를 이해하기 위한 개념의 틀 및 연구과제를 제시하였다. 그리고 본 연구의 조사방법에 관하여 기술하였다.

제 3 장 ———— 개념의 틀과
조사방법

제1절 개념의 틀

본 연구의 목적은 일본의 여성 창업가가 커리어 형성을 통해 어떠한 자원을 획득하고 창업하는지에 대하여 상세하게 분석하는 데 있다. 즉, 여성 창업가는 창업하기 위하여 어떠한 자원을 누구로부터(어디에서), 어떻게 확보하는지에 대하여 고찰하는 것이다.

따라서 본 연구에서는 창업가와 창업 활동의 작업 정의를 아래와 같이 설정하였다.

창업가(entrepreneur)는 '새로운 조직을 창조하는 사람', 그리고 창업 활동(entrepreneurship)은 '새로운 조직의 창조(Aldrich, 2005: 458)'이다.

다시 말하면 제2장의 선행연구에서 소개한 바와 같이 미국에서 백인과 마이너리티 여성 창업가의 비교조사를 한 스미스 헌터(Smith-Hunter, 2006)는 다음과 같은 분석결과를 보고하였다. ① 여성 창업가는 인종과 상관없이 '창업 시 자금 부족' 문제를 가지고 있으며, 남성보다도 '경제자본'으로의 접근이 곤란하다. ② 인적자본(학력, 과거의 창업경험 및 직장 경험 등)과 사회관계자본(원조자로서의 가족, 배우자, 친구 등)이 부족하다. ③ 경제자본의 획득에 영향을 주고 있는 것이 '인적자본'과 '네트

워크 구조'이다. 즉, '인적자본', '경제자본', '네트워크 구조(사회관계자
본)'가 여성 창업가의 성공에 영향을 미치는 중요한 요인인 것으로 밝혀
졌다. 요약하자면 '인적자본'과 '네트워크 구조'의 획득이 용이하면 '경
제자본'의 획득이 용이해지고, 그 결과 경제적 성공으로 연결된다.

일본의 자영업자에 관한 선행연구에서도 '부친이 자영업자'인 비율이
높으면 본인이 자영업자가 되기 쉽다고 하는 결과가 많은 연구에서 지적
되었다(Ishida, 2004; 타케노시타(竹ノ下), 2011; 정현숙, 2002; Aldrich,
2007; Sørensen, 2007). 부친이 자영업자인 경우, 재정적 지원뿐만 아니
라, 창업에 필요한 '기술'과 '네트워크'를 유소년기에 부친에게서 계승할
가능성이 크다고 지적하고 있다.

이처럼 여성 창업가가 동원할 수 있는 다양한 자본(인적자본, 문화자
본, 사회관계자본, 경제자본)은 여성 창업가의 커리어 형성 및 창업과정
에 영향을 미치는 것이 분명해 보인다.

다음 <그림 9>는 본 연구에서 활용하는 여성 창업가의 커리어 형성과
정에서의 자원동원에 관한 개념의 틀이다. <그림 9>는 여성 창업가가 커
리어 형성을 통해 인적자본, 문화자본, 사회관계자본, 경제자본이라고 하
는 4개의 자본(자원)을 획득·축적하고, 창업 활동에 이러한 자본을 동원
하는 과정을 나타낸 것이다. <그림 9>의 4개의 자본에 대한 설명은 다음
과 같다.

(1) 인적자본(human capital)

인적자본이란, 경제학자 게리 베커(Gary Becker)에 의하여 제창된 개
념이다. 그는 인적자본을 '교육에 투자된 양, 직장·직업훈련, 건강
(Becker, 1975/1976: 181)'으로 정의하였다. 인적자본은 교육 정도와 취

업경험 등 개인으로서의 자질을 의미하고 교육이나 숙련에 대해 개인적인 투자가 축적된 것이다. 인적자본은 전문적 능력이나 체력 등 개인의 생산성을 높이는 자원으로 활용되고 창업가에게 매우 중요한 자본으로 인식되고 있다.

이시다(Ishida, 2004)에 따르면 고등교육을 받은 사람은 '전문직·관리직 자영업자'로 이동하는 경향이 있으며, '교육'과 '자영업' 사이에 관련이 많은 것으로 나타났다. 또한, 중소기업에서의 '취업경험'이 자영업으로의 이동에 중요한 요인이 된다는 점도 밝혀졌다(타케노시타(竹ノ下), 2011; Ishida, 2004). '자영업자'는 소기업을 경영하는 경향이 있으므로 자영업자에 의하여 경영되는 환경을 접하는 것은 자영업으로 뛰어들 기회를 늘릴 가능성이 있기 때문이다. 한마디로 일본에서는 자영업으로의 이동과 연결되는 인적자본과 관련된 변수의 효과가 강하다고 생각된다(타케노시타(竹ノ下), 2011).

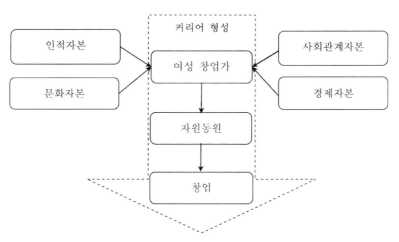

<그림 9> 여성 창업가가 창업하기 위한 4개의 자본

(2) 문화자본(cultural capital)

부르디외는 문화자본을 '필요로 하여 소유할 가치가 있는 사회적으로 인정된 상징적인 부의 사유를 위한 수단(Bourdieu, 1977: 488)'으로 정의하였다. 요컨대 문화자본이란 개인이 보유하는 다양한 문화적 자원이며 발달과정의 빠른 시기에 가정이나 학교 교육을 통해 배양되고 축적된다고 논의하였다(Bourdieu, 1977). 특히 부르디외는 위신이 높은 지위 문화에서 가치 있다고 간주되는 세련된 지식, 취미나 행동 등이 문화적 재생산에서 수행하는 역할을 강조하였다.

본 연구에서는 문화자본을 위의 부르디외의 정의보다도 넓은 의미로 해석하여 엘리트 문화뿐만 아니라, 직업 가치관(직업 윤리관), 종교관, 인생관 및 근대적인 성별 역할 분업 의식 등도 문화자본에 포함하였다. 직업 가치관에 따라 일에 대한 헌신이 영향을 받을 것으로 생각된다. 이러한 문화적 요소는 여성 창업가의 창업 동기, 창업내용, 사회적 사명 등에 영향을 미칠 것이다.

또한, 여성의 취업을 긍정적으로 평가하는 근대적인 성별 역할 분업 의식의 존재는 여성 창업가의 커리어 형성을 촉진하는 요인이 될 것이다. 예를 들면 여성 사업주는 남성 사업주보다 자영업을 경영하는 모친이 있을 비율이 높고 자영업자의 모친은 딸에게 '롤 모델'로서 기능한다고 지적하였다(Aldrich & Sakano, 1998).

이처럼 문화자본은 창업가의 달성 동기에 영향을 미치는 근대적인 성별 역할 분업 의식, 직업 가치관, 근무 태도 등의 문화적 특성이다.

(3) 사회관계자본(social capital)

사회관계자본은 콜먼(Coleman, 1990), 버트(Burt, 1992), 린(Lin, 2001)

등에 의하여 논의된 개념이다. 개인의 네트워크(사회관계)는 자신의 목적 달성을 위한 수단으로 종종 활용되므로 네트워크 그 자체가 사회적 자원 이나 혹은 자본으로 여겨지게 되었다(Burt, 1992; Lin, 2001). 예를 들면, 가족, 학교, 직장, 단체, 협회 등을 통해 누군가와 알게 되고, 창업에 도움 이 되는 정보나 어드바이스를 입수하고, 인재를 소개받고, 창업자금을 지 원받는 경우가 있을 것이다.

예를 들면, 미와(三輪, 2011)는 자영업으로의 이동을 규정하는 요인을 분석한 결과, 정보원으로서의 '사회적 네트워크'가 있는 경우, 자영업으 로 이동하기 쉽고, 특히 '일 관계의 친구와 지인'이 압도적으로 큰 효과 를 가진다고 지적하였다.

또한, 앨드리치와 사카노(1998)에 따르면, 일본의 여성 사업주에게 있 어서 창업이나 사업경영에 필요한 네트워크와 연결(가교역할)을 하는 '브 로커의 영향(중요성)'이 크다고 하였다. 그 이유는 여성 사업주의 경우, 젠더 장벽의 문제를 극복하기 위하여 남성 사업주와의 네트워크를 구축 할 시 남성 브로커를 통해 남성 사업주의 네트워크 구성원과 만나기 때 문이다.

게다가 커리어 형성에서 중요한 전환기에 멘토로서 지원하는 인물도 있을 것이다. 이처럼 특정의 사회관계가 창업가의 커리어 형성에서 중요 한 역할을 할 것으로 생각된다. 사회관계자본은 창업과정에 큰 영향을 미칠 것으로 상정된다.

(4) 경제자본(financial capital)

경제자본은 재력을 의미하며 금전이나 재산으로 직접 환원할 수 있는 것이다. 또한 수입, 임금, 재력, 부 등의 경제자본은 창업에 있어 중요한 자원이다. 예를 들면 창업가에게 있어 창업자금을 어떻게 입수하였는가, 혹은 경영에 필요한 자금을 어떻게 조달하였는가는 중요한 과제이다. 여성 창업가의 기업 규모가 중소기업에 집중하는 원인으로는 전술한 바와 같이 '경제자본으로의 접근 가능성의 부족'이 지적되고 있다(Smith-Hunter, 2006). 창업 시의 자본량은 창업 시 회사 규모, 산업종류, 그리고 창업 가능성을 규정하는 중요한 요인이다. 다시 말하자면, 미국의 여성 창업가는 '창업 시 자금 부족'이라는 문제를 안고 있으며, 남성 창업가보다 '경제자본'으로의 접근이 곤란하다는 점이 확인되었다. 이처럼 경제자본의 보유는 창업에 불가결한 자원의 하나이다.

제2절 연구과제

본 연구의 주된 연구과제는 여성 창업가가 자원을 획득하는 커리어 형성과정을 분석하는 것이다. 여성 창업가의 커리어 형성과정에서 4개의 자본이 어떻게 획득되는지를 분석하기 위하여 <그림 9>의 개념의 틀에서 제시한 바와 같이, 인적자본, 문화자본, 사회관계자본, 경제자본이라고 하는 4개의 자본(자원)의 획득, 축적을 중심으로 아래와 같은 연구과제를 설정하였다.

① 여성 창업가는 교육, 취업경험, 직업훈련·숙련 등의 '인적자본'을 어떻게 획득하는가?
② 여성 창업가는 근대적인 성 역할 분업 의식, 직업 가치관, 직업의식 등의 '문화자본'을 어떻게 획득하는가?
③ 여성 창업가는 서포터, 멘토, 파트너 등의 '사회관계자본'을 어떻

게 획득하는가?

④ 여성 창업가는 창업을 위한 자금, 재정기반이 되는 '경제자본'을 어떻게 획득하는가?

요약하면, 이 연구의 연구과제는 여성 창업가의 커리어 형성과정에서 4개의 자본이 어떻게 획득되는가에 대하여 분석하는 것이다. 즉, 여성 창업가가 유소년 시대부터 현재까지 가정, 학교, 직장 등에서 어떤 자원을 어떻게 획득하고 축적하였는가에 대하여 고찰할 것이다. 본 연구는 여성 창업가의 커리어 형성과정을 분석함으로써 여성이 창업하기 위해서는 어떤 자본을 획득해야 하는지를 밝힐 수 있을 것으로 생각된다.

또한, 본 연구에서는 <그림 10>에 제시한 바와 같이 '라이프 코스 요인'으로부터 여성 창업가의 커리어 형성을 고찰할 것이다. 우선, 유소년기, 청년기, 성인기라고 하는 3가지 '라이프 스테이지'를 설정하고, 가족, 학교, 직업체험을 통해 어떤 영역에서 어떤 자원을 획득하여 축적하였는지에 대하여 분석할 것이다. 라이프 코스 요인으로는 먼저 남녀고용기회균등법, IT 혁명, 리먼 쇼크 등 여성 창업가의 창업 기회에 영향을 미치는 '시대 효과'를 생각할 수 있다. 이는 첫 직장에 대한 연도가 '균등법'이 제정된 해의 전후, 혹은 창업한 해가 NPO법 제정, IT 혁명, 리먼 쇼크 전후였는가에 따라 '커리어 패턴'과 '창업 활동 내용'이 다를 가능성이 있기 때문이다. 다음으로 결혼, 출산, 이혼, 재혼 등 여성 창업가의 '가족의 궤적(가족 라이프 이벤트와 시기), 전환기 등'에 대하여 분석할 것이다.

특히 본 연구는 첫 직장, 이직, 재취업, 창업 등의 '직업 커리어'와 라이프 코스 요인이 어떻게 관계하는지에 초점을 두고 있다.

즉, 이 연구에서는 <그림 10>에서 제시한 바와 같이 여성 창업가가 자원을 획득하는 영역(가정, 학교, 일 등), 시대 효과, 라이프 스테이지(유소년기, 청년기, 성인기), 가족 라이프 이벤트와 타이밍, 전환기 등의 라이프 코스 요인, 그리고 직업 커리어(첫 직장, 이직, 재취업, 창업)의 여러 요인에 주목하고 여성 창업가의 커리어 형성과정에서 어떠한 자본을 어떻게 획득할 것인지를 규명하고자 한다.

전술한 여러 요인의 상호작용(조합)에 따라 서로 다른 유형의 여성 창업가가 생겨날 가능성이 있다. 우선 '여성 창업가의 직업 커리어·패턴의 차이'로 인하여 서로 다른 유형의 창업가가 생겨날 가능성이 있다. 예를 들면, 하나의 기업에서 장기간 취업하고, 그곳에서 창업에 필요한 자본을 획득하는 유형, 혹은 기업 간을 이동하면서 자본을 획득하는 유형 등을 생각할 수 있다. 이러한 직업 커리어·패턴의 차이가 서로 다른 유형의 여성 창업가를 창출하는 경우가 있을 것이다.

또한, 시대적 배경 혹은 가족 라이프 이벤트와 타이밍 등의 '라이프 코스 요인'에 의해 창업가의 유형이 달라지기도 한다. 독신으로 창업한 경우와 결혼, 출산을 한 뒤 창업하는 경우, 각각 창업가의 유형도 다를 것으로 생각된다.

요컨대, 여성 창업가는 직업 커리어의 유형, 자신의 세대, 창업한 시대적 배경, 가족 라이프 이벤트의 조합에 의해 창업에 이른다. 그 결과 서로 다른 유형의 여성 창업가들이 존재하게 될 가능성이 있다.

따라서 상기의 4개의 연구과제에 더하여, 다음과 같은 두 가지 연구과제를 설정하였다.

⑤ 여성 창업가의 커리어 형성에는 어떤 유형이 있는가?

⑥ 직업 커리어 형성의 패턴과 라이프 코스 요인은 어떻게 관계하는가?

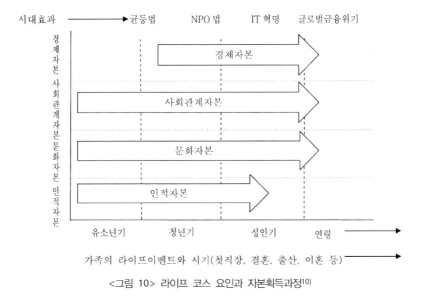

시대효과 ──────▶ 균등법   NPO 법   IT 혁명   글로벌금융위기

경제자본 사회관계자본문화자본 인적자본

경제자본

사회관계자본

문화자본

인적자본

유소년기   청년기   성인기   연령 ──────▶

가족의 라이프이벤트와 시기(첫직장, 결혼, 출산, 이혼 등) ──────▶

<그림 10> 라이프 코스 요인과 자본획득과정[10]

따라서 본 연구에서는 <그림 10>에서 제시한 바와 같이 여성 창업가의 '라이프 스테이지(유소년기, 청년기, 성인기)', '라이프 코스 요인(가족 라이프 이벤트와 타이밍, 시대 효과)', '직업 커리어'에 주목하여 여성 창업가의 커리어 형성과정에서 어떠한 자본을 어떻게 획득하는지를 규명하고자 한다.

제3절 조사방법

지금까지 일본의 여성 창업가 연구에서는 창업을 위하여 필요한 자원

---

10) 이 그림은 마쓰다(松田, 2005:59)<도표 1-13>와 Michael B. Arthur., Douglas T. Hall., Barbara S. Lawrence(1989:38)의 <그림 1>을 참고하여 작성하였음.

이 명확하게 정의되지 않았다. 따라서 이 연구에서는 인적자본, 문화자본, 사회관계자본, 경제자본이라는 4개의 자원에 착안하여, 여성 창업가의 커리어 형성과 창업 활동을 위한 자원의 획득과정에 대하여 고찰하고자 한다.

본 연구에서는 여성 창업가 중에서도 개인사업자가 아닌 유한회사, 주식회사, NPO법인, 일반 사단법인의 여성 창업가를 대상으로 분석하였다. 이것은 여성 창업가가 어떻게 자원을 동원하였는지를 알아보기 위해서는 더욱 많은 자본(자원)을 필요로 하는 유한회사, 주식회사, NPO법인, 일반 사단법인의 여성 창업가를 조사대상으로 할 필요가 있었기 때문이다. 또한, 개인사업자는 유한회사, 주식회사로 이행하는 경향이 있으므로 이행과정을 조사하기 위해서도 주식회사, 유한회사, NPO법인, 일반 사단법인의 여성 창업가를 대상으로 하는 것은 불가피하다.

조사방법으로는 엄밀한 의미에서의 구조화 면접이 아니라 4개의 자본의 획득과 창업 활동에 대한 자유로운 질문과 응답을 하는 초점면접법(focused interview)을 활용했다. 특히 여성 창업가가 유소년시대부터 현재까지 커리어 형성을 통해 가정, 학교, 직장(첫 직장에서부터 현 직장까지의 직무경력)에서 자원을 어떻게 획득하고, 창업 활동을 위하여 어떻게 자원을 동원하였는가에 대하여 상세한 면접을 하였다. 또한, 여성 창업가의 가족 라이프 이벤트(결혼, 출산, 이혼, 재혼 등)에 대하여 질문하였다. 조사 기간은 2012년 6월부터 2014년 6월까지 2년간으로 조사대상은 도쿄도 및 도쿄근교의 민간기업을 창업하여 유한회사, 주식회사, NPO법인, 일반 사단법인을 경영하는 여성들이었다.

추출된 샘플은 편의 표본추출(convenience sampling)과 기연법(snowball sampling)을 병행한 비확률샘플이었다. 이 연구는 모집단의 특성을 추측하기 위한 조사가 아니라 여성 창업가의 커리어 형성과정에서 자원의 획득과 창업 활동에 관한 상세한 사례연구이다.

본 조사에서는 전체 71명의 여성 창업가를 인터뷰하였다. 그중 개인사업자인 2명을 제외하면 최종적인 본 연구에서의 분석대상은 69명의 여성 창업가이다.

여성 창업가를 대상으로 '여성 창업가의 커리어 형성과정'에 대하여 상세하게 인터뷰하였다. 질문내용은 아래와 같다.

① 여성 창업가의 개인적 특성(연령, 교육수준, 최종학교의 전공내용)

② 부모의 사회·경제적 지위(취업형태·자영업의 유무·업종·직종·직함)

③ '유소년 시절'의 가족 구성(가족 구성원·구성원의 자영업의 유무, 형제 수, 본인이 가장 연장자(형제 중 장녀)인지의 여부, 부모의 이혼 여부)

④ 가족 중에서 본인의 커리어(사고방식, 가치관, 기술, 기타)에 영향을 미친 사람

⑤ '학교 시절'에 본인의 커리어(사고방식, 가치관, 기술, 기타)에 영향을 미친 사람, 학교 영역에서의 멘토(선생님, 선배, 동년배, 라이벌)

⑥ 서클, 공부, 취미, 레슨, 놀이 등에의 참가·활동 내용, 본인의 커리어 형성에 필요한 사고방식·기술·숙련을 습득·개발할 기회의 유무

⑦ '취직, 직업, 일'에 관한 질문: 창업까지의 직무경력, 직업 영역에서의 멘토(고용주, 상사, 선배, 동년배, 후배, 거래처 담당자 등), 본인의 커리어 형성에 필요한 사고방식·기술·숙련을 습득·개발할 기회의 유무

⑧ 가족 라이프 이벤트에 관한 질문: 결혼, 이혼, 사별, 재혼, 출산, 육아의 여부, 배우자, 자녀와의 관계, 직업 커리어를 중단했던 기간

의 유무, 육아 지원의 원천

⑨ '인생의 전환기'의 유무와 내용

⑩ '창업 활동'에 관한 질문: 창업 연도, 창업 시 연령, 창업 동기, 창업 준비에 필요한 기간, 창업에 필요한 기술, 노하우, 아이디어 획득방법, 창업자금, 창업 시 출자자 유무, 창업자금의 입수방법, 창업 시 파트너, 창업 시 서포터의 유무, 창업 시 종업원과 채용방법

제4절 샘플의 특성

본 연구의 샘플은 비확률샘플이기 때문에 샘플은 모집단의 특성을 추측하기 위한 것이 아니라, 샘플의 기본적 속성 분포를 기술하는 것이 목적이다.

우선 다음 <표 2>에 제시한 바와 같이 '연령'은 40대와 50대가 각각 33.3%이며, 샘플의 3분의 2가 40대, 50대의 연령층에 속한다. 연령의 최솟값은 24세, 최댓값은 90세이다. 평균값은 51.8세, 중앙값은 52세이다.

다음 <표 3>의 여성 창업가의 교육수준을 보면, 본 샘플의 창업가의 '최종학력'은 '대학 졸업'이 50.7%이며, 고학력 여성 창업가의 비율이 높다. 샘플의 교육수준이 높은 이유는 샘플이 개인사업자를 포함하지 않기 때문이다. 예를 들면, 샘플에서 64.4%의 개인사업자를 포함한 국민생활금융공고의 '여성 경영자에 관한 실태조사'에서는 여성 경영자의 최종학력이 '고등학교(40.6%)', '대학교(17.3%)', '전문학교·기타 각종학교(專修·各種学校)(14.7%)'이며, 고등학교를 졸업한 여성 경영자가 많았다. 즉, '개인사업자'에는 고등학교 졸업자가 많으므로 개인사업자를 포함하지 않는 본 샘플에서는 대학 졸업이 많았다.

'창업형태'에서는 '주식회사'가 84.1%(58명)로 가장 많았다. 이 연구에서 분석대상은 '유한회사, 주식회사, NPO법인, 일반 사단법인을 경영하는 69명의 여성 창업가'이다. 기타 창업형태 내역은 '유한회사' 11.6%(8명), 'NPO법인' 2.9%(2명), '일반 사단법인' 1.4%(1명)이었다.

다음 <표 4>에 나타낸 바와 같이 '창업업종'은 서비스업(33.3%)이 가장 많았다. 서비스업의 내역을 보면, 컨설팅업(인재·그래픽·광고 컨설팅)과 인재알선이 거의 절반이었다. 그리고 IT·인터넷 17.4%, 미용 10.1%, 출판·보도·광고가 10.1% 순이었다.

<표 2> 연령별 분포

연령	N	비율
24세~39세	8	11.6
40세~49세	23	33.3
50세~59세	23	33.3
60세~69세	10	14.5
70세~90세	5	7.2
합계	69	100

<표 3> 교육수준

교육수준	N	비율
고등학교	8	11.6
전문학교	9	13.0
전문대학	11	15.9
대학	35	50.7
대학원	6	8.7
합계	69	100

<표 4> 창업업종

창업업종	N	비율	창업업종	N	비율
제조업	2	2.9	어패럴	2	2.9
상업 (소매, 도매)	2	2.9	미용	7	10.1
IT/인터넷	12	17.4	출판/보도/광고	7	10.1
의료/복지/간병	2	2.9	식품	1	1.4
보험/증권/금융	2	2.9	서비스업	23	33.3
여행	1	1.4	기타	2	2.9
전력/가스	1	1.4	합계	69	100
교육/학습지원업	5	7.2			

<표 5>에 제시한 바와 같이 '창업직종'을 살펴보면, 전문직이 79.7%를 차지하였다. 다음으로 '판매직'이 15.9%, '관리직', '기술직', '서비스직'이 각각 1.4% 순이었다.

<표 5>에 제시한 바와 같이 '창업 동기'에 대해서는 '창업 이외의 선택지가 없음(25.8%)'과 '후원자형(24.2%)'의 비율이 높았다. 이어서 '전 직장에서는 하지 못했던 일을 하고 싶다'가 19.4%, '사회적 사명'이 14.5%, '처음부터 독립을 생각하고 있었다.'가 11.3%, '기타'가 4.8%를 차지하였다. '창업 이외의 선택지가 없음'이라는 창업 동기는 일을 계속하고 싶거나 이직할 곳을 찾았으나 적당한 선택지를 찾지 못하여 '스스로 창업하는 것밖에는 선택지가 없음'인 경우였다.

반대로 '후원자형'은 누군가로부터 창업을 권유받았거나, 거래처의 요청에 의하여 법인화하는 경우이다. '전 직장에서는 하지 못했던 일을 하고 싶다'라는 창업 동기는 전 직장에서는 자신의 재량을 발휘할 수 없었거나, 지금까지와는 다른 새로운 일을 하고 싶었기 때문이었다.

'처음부터 독립을 생각하고 있었다.'라는 창업 동기는 커리어의 맨 첫 단계(유소년기, 청년기)에서 창업이 목적이었던 사람에게 많이 발견되었다. 마지막으로 '사회적 사명'이라는 창업 동기는 세상 사람들을 위하여 도움이 되고 싶다는 사명감으로 창업하는 것이었다. 예를 들면, 결혼이나 출산 등을 계기로 일하는 엄마들을 지원하는 사업으로 창업한 여성 창업가 등의 경우이다.

<표 5> 창업직종

창업직종	N	비율
관리직	1	1.4
전문직	55	79.7
기술직	1	1.4
판매직	11	15.9
서비스직	1	1.4
합계	69	100

<표 6> 창업 동기

창업 동기	N	비율
창업 이외의 선택지가 없음	16	25.8%
전 직장에서는 할 수 없었던 일을 하고 싶다	12	19.4%
후원자형	15	24.2%
사회적 사명	9	14.5%
기타	3	4.8%
처음부터 독립을 생각하고 있었다.	7	11.3%
합계	62	100%

제5절 요약

이 장에서는 본 연구의 목적인 '여성 창업가들이 창업하기 위하여, 어떠한 자원을 누구로부터(어디에서), 어떻게 확보하는지'에 대해 분석하기 위하여, 먼저 여성 창업가의 커리어 형성과정과 창업 활동에서의 4개의 자본(인적자본, 문화자본, 사회관계자본, 경제자본)에 착안하여, 라이프 코스 요인과 자원동원에 관한 개념의 틀을 제시하였다. 그리고 각 자본에 대한 일반적인 개념과 이 연구에서 의미하는 개념의 내용에 대하여 설명하였다.

여성 창업가의 라이프 코스 요인으로는 먼저 유소년기에서 성인기까지의 '라이프 스테이지'에서 가족·지역, 학교, 일 등의 영역에서 4개의 자본을 획득하고 축적하는 것으로 상정된다.

더불어, 여성 창업가의 '결혼, 출산, 이혼, 사별' 등의 '가족 라이프 이벤트와 타이밍', 혹은 '남녀고용기회균등법, IT 혁명, NPO법, 리먼 쇼크, 동일본대지진'과 같은 '시대 효과'는 여성 창업가의 직업 커리어 패턴과 창업 활동에 영향을 미치는 것으로 생각된다.

따라서 여성 창업가의 커리어 형성에 대한 라이프 코스 요인으로서, 여성 창업가의 '라이프 스테이지(유소년기, 청년기, 성인기)' 및 '가족 라이프 이벤트와 타이밍, 시대 효과 등', 그리고 '직업 커리어(취직, 이직, 재취업, 창업)'로부터 분석을 위한 6개의 연구과제를 설정하였다.

다음으로 본 연구의 '조사방법'과 '샘플의 특성'에 대하여 기술하였다. 먼저, 본 조사에서는 초점면접법을 활용하여 도쿄도 및 도쿄근교의 민간기업을 창업하고 유한회사, 주식회사, NPO법인, 일반 사단법인을 경영하는 69명의 여성 창업가를 대상으로 하였다. 인터뷰에서는 여성 창업가의 개인적 특성, 부모의 사회·경제적 지위, 유소년기에서 성인기에 걸친 라이프 스테이지의 각 영역(가족, 지역, 학교, 직장)에서 획득한 자본, 가족 라이프 이벤트와 타이밍, 인생 전환기의 유무, 직무경력, 창업 활동에 대해 질문하였다.

본 연구의 샘플은 '비확률샘플'이므로 모집단의 특성을 추측하기 위한 것이 아니며, 샘플의 기본적 속성 분포를 기술하는 데에 목적이 있었다. 샘플 특성에서는 연령, 최종학력, 창업형태, 창업업종, 창업직종, 창업 동기, 창업동업자에 대한 여성 창업가 분포를 기술하였다.

먼저, 여성 창업가의 '연령'을 보면, 샘플의 3분의 2가 '40대와 50대'의 연령층에 속하고, 평균값은 51.8세였다. '최종학력'은 '대학 졸업'이 50.7%(35명)이며, 이 샘플에는 고학력 여성 창업가의 비율이 높았다.

'창업형태'는 '주식회사'가 84.1%(58명)로 가장 많았다. '창업업종'은 '서비스업'의 비율이 높았고, 컨설팅업(인재·그래픽·광고)과 인재알선이 거의 절반을 차지하였다. 그리고 IT·인터넷 17.4%, 미용 10.1%, 출판·보도·광고 10.1% 순으로 나타났다. '창업직종'에서는 '전문직'이 80%를 차지하였다.

'창업 동기'에 대해서는 '창업 이외의 선택지가 없음', '후원자형'의 비율이 높고, 이어서 '전 직장에서는 하지 못했던 일을 하고 싶다', '사회적 사명' 등을 들었다.

제 4 장 ──────── 조사결과

제4장에서는 우선 여성 창업가가 유소년기부터 성인기에 걸쳐 '4개의 자본을 어떻게 획득하였는가?'에 대한 조사결과를 밝히고자 한다.

다음 <표 7>은 '자본을 획득한 영역'을 나타낸 것이다. 자본을 획득한 영역은 가정, 학교, 서클 활동, 아르바이트, 해외, 레슨, 지역, 일로 분류하였다. 분석결과, '가정'이 88.4%로 가장 많았고, '일' 50.7%, '학교' 30.4%, '서클' 17.3%, '아르바이트', '레슨', '해외', '지역' 순으로 나타났다. 이처럼 여성 창업가가 자본을 가장 많이 획득하는 영역은 가정 영역이었으며, 이어서 직업 영역, 그리고 학교 영역, 서클 영역, 아르바이트 영역 순이었다.

<표 7> 자본획득 영역

영역	N	비율
가정 영역	61	88.4%
일 영역	35	50.7%
학교 영역	21	30.4%
서클 영역	12	17.3%
아르바이트 영역	6	8.6%
해외 영역	2	2.8%
레슨 영역	5	7.2%
지역 영역	1	1.4%
합계	143	207.2%

(복수응답이므로 합계는 100% 이상)

그렇다면, 가정 영역에서 창업가의 사회화의 중개인 역할을 하게 되는 것은 누구인가? 다음 <표 8>은 가정 영역에서의 '가족 구성원의 영향'에 대하여 분석한 것이다. '가족 중에서 당신의 커리어에 영향을 준 사람은 누구입니까? 특히 기술, 사고방식, 가치관 등에 영향을 준 사람은 누구입니까?'라고 물었다. 응답(복수응답) 비율을 보면, '부친' 50.7%, '모친' 44.9%, '조모' 20.2%, '조부' 11.5%였다. 가정 영역에서는 여성 창업가가 '인적자본'이나 '문화자본'을 부모와 조모로부터 획득하는 경향이 나타났다.

<표 8> 가족 구성원의 영향

가족 구성원	N	비율
부친	35	50.7%
모친	31	44.9%
조부	8	11.5%
조모	14	20.2%
숙모	1	1.4%
형	1	1.4%
형제자매	1	1.4%
기타	4	5.7%
합계	95	137.2%

(복수응답이므로 합계는 100% 이상)

다음으로, 각 영역에서 획득할 수 있는 4개의 자본(인적자본, 문화자본, 사회관계자본, 경제자본)의 상세한 내용에 대하여 알아보고자 한다.

제1절 여성 창업가의 인적자본

여성 창업가가 유소년기부터 성인기의 사이에 획득한 '인적자본'으로는 '교육 정도', '직장·직업훈련', '전문적 능력과 체력' 등을 조사하였다. 또한, 집중력이나 체력, 숙련으로 이어지는 전문적 능력을 획득한 영역과 상세한 내용에 대하여 분석하였다.

우선, 여성 창업가의 '교육수준'에 대하여 분석한 결과, 다음 <표 9>에 제시한 바와 같이 본 샘플의 창업가의 최종학력은 '대학 졸업'이 50. 7%로 고학력 여성 창업가의 비율이 높아, 높은 수준의 인적자본을 획득하고 있었다.

<표 9> 교육수준

최종학력	N	비율
고등학교	8	11.6
전문학교	9	13.0
전문대학	11	16.0
대학	35	50.7
대학원	6	8.7
합계	69	100

【가정 영역】

먼저 '가정 영역'을 통해 획득한 인적자본의 상세한 내용을 사례를 통하여 알아보고자 한다.

사례 1)

A 씨의 집에는 세 자매가 사용할 수 있는 책상이 하나밖에 없었다. 그 책상을 혼자서 차지하고 공부할 수 있는 시간은 제한적이었지만, 그

덕분에 '요령 있게' 공부하는 방법, '집중력'을 몸에 익혔다.

사례 2)

B 씨의 부친은 대기업의 지점인 회사를 창업하였다. 부친은 사원들의 장점을 인정하고 존중하는 사람이었다. 이러한 부친의 '경영 스타일(방법)'은 B 씨의 사업경영에도 도움이 되었다.

사례 3)

C 씨의 조모는 음식점을 경영하였다. 어린 시절 C 씨는 재료 구입, 손님 접대 등의 활동을 조모와 함께하면서, 일하는 법을 배우게 되었다. 특히 중요한 것은 '장사에 대한 탐구심'과 '매출 개선 방법'이었다.

위와 같이 여성 창업가가 유소년기, 청년기에 자라난 가정환경에 따라, 인적자본을 획득하는 사례가 발견되었다. 사례 1에서는 가정환경의 상황이 '집중력'을 키웠다. 더불어, 사례 2와 사례 3에서는 창업가나 경영자인 부친이나 조모로부터 '경영 스타일'이나 장사하는 법을 배웠다. 이처럼 부친이나 조모의 경영 스타일을 관찰하면서 '인적자본'을 학습하였다.

【학교 영역】

여성 창업가는 '학교 영역'에서는 '학교생활'이나 '전학'을 통해 인적자본을 획득한다. 인적자본은 통상적으로 교육수준이나 숙련에 대하여 언급되는 경우가 많았지만, 창업가에게 없어서는 안 되는 자질로서 건강, 즉 '강인한 체력'도 요구된다.

(학교생활)

여성 창업가는 '학교생활'을 통해 '체력', '소통능력', '매니지먼트 능력' 등을 획득하였다.

사례 4)

D 씨는 중학교 3년간, 산 위에 있는 학교로 걸어서 등교하였다. 덕분에 '기초체력'을 단련할 수 있었다.

사례 5)

E 씨는 대학 생활을 시작하며 서클 활동과 연구회 등의 다양한 활동을 통해 '자신은 타인을 서포트하는 일, 매니지먼트하는 일이 적성에 맞다'고 느꼈다. 그리고 대학에는 다른 지역에서 온 다양한 학생들이 모여 있었고, 서로 다른 차이점을 즐길 수 있게 되었다. 그러한 경험으로부터 눈치 빠르게 자신의 포지션을 알고, '소통능력'을 갈고닦을 수 있었다.

(전학)

전학경험은 지금까지와는 다른 지역으로 이동하는 것으로 인하여, 다른 가치관을 접하고, 새로운 환경에 대한 '적응성'과 '적응력'을 키울 수 있는 기회이다.

사례 6)

F 씨는 중학교 1학년 때 전학하여, 그때까지의 생활과는 전혀 다른 환경에 놓였다. 그 덕분에 처음으로 '가치관이 다른 곳으로 가는 것'에 대한 재미를 체험하고, 힘들다는 생각도 하지 않게 되었다.

사례 7)

G 씨는 초등학교부터 고등학교까지 여섯 번의 전학을 경험하였다. 폐쇄적인 지방 학교로 전학하였을 때에는 '어떻게 하면 나를 받아줄지', '어떻게 하면 주어진 환경을 잘 받아들일지'를 고민하고 노력한 덕분에 '순응하는 능력'을 몸에 익혔다.

【서클 영역】

서클 활동에 참가한 비율은 69명의 창업가 중, 87.3%(48명)이며, 서클 활동 소속 기간이 '3년간'인 창업가는 51.2%(22명)였다. 서클 활동 경험에서 얻은 인적자본은 '기초체력', '인내심', '정신력'뿐만 아니라, 예의범절, 팀 조정능력, 스케줄링 등 장래의 기업경영에 활용되는 '사람을 접대하는 스킬(기술)'과 '매니지먼트 능력'이었다.

사례 8)

H 씨는 유소년기에 소극적인 성격이었다. 모친의 추천으로 중학교 시절에 걸 스카우트에 들어갔다. 그곳에서의 활동을 통하여 '서바이벌 정신(새로운 것을 개척하고, 어떠한 것이라도 스스로 하는 자세)'을 배웠다.

사례 9)

I 씨는 중학교부터 대학까지 농구부 주장이었다. 주장으로서 대외적인 역할을 담당할 뿐만 아니라 코치와 연습내용을 상담하고 스케줄을 짜는 역할도 수행하여 '스케줄 작성 능력'을 학습하였다.

사례 10)

J 씨는 초등학교, 중학교에서는 리더십을 발휘하는 유형은 아니었으나, 고등학교에 들어가서 남자 농구부의 매니저가 되면서, 팀 전체를 '지원하는 역할'의 즐거움을 알았다.

사례 11)

K 씨는 궁도의 도복과 예의범절을 좋아하여, 중학교부터 대학교 1학년까지 궁도부 임원을 맡았다. 그녀는 궁도부의 엄격한 상하관계, 근육 트레이닝, 예의범절에 의하여 '정신적인 면을 단련하였다.'

지금까지의 사례에서도 알 수 있듯이 여성 창업가가 획득하는 인적자본에는 사례 9와 같은 리더십 역할을 수행하는 능력뿐만 아니라, 사례 10과 같은 집단 전체를 지탱하는 조정능력(소통능력)도 중요하다.

【아르바이트 영역】

아르바이트 경험이 있는 사람의 비율은 여성 창업가의 59.1%(26명)이었다. '아르바이트' 경험을 통하여 획득한 인적자본으로는 '직무 및 사업내용 학습', '팀워크', '고객과의 소통 스킬' 등을 들 수 있다.

사례 12)

L 씨는 고등학교 시절에 일했던 아르바이트 가게에서 처음으로 '접객 경험'을 하였다. 이때의 경험을 통하여 '손님에게 어떻게 좋은 인상을 줄 수 있을까?'가 자신의 평가로 이어진다는 점을 배웠다.

사례 13)

M 씨는 대학 시절에 2년간 음식점에서 일하였다. 어떻게 하면 좋은 가게를 만들 수 있을까에 대하여 아르바이트 동료들과 항상 이야기를 나누었다. 선배나 점장에게서 '사람을 접하는 방법'이나 '가게가 돌아가는 전반적인 흐름'을 배우고, 그 경험은 지금의 일에도 도움이 되었다.

사례 14)

N 씨는 대학원에서 미술을 전공하고, 장래에는 미술에 관련된 일을 하고 싶다고 생각하고 있었다. 그녀는 미술 관련 회사에서 아르바이트를 시작하였다. 일을 하면서 '정말 재미있는 세계'라고 생각하였다. 아르바이트로 경험한 일은 현재 직업의 출발점이 되었으며, '지금의 업무기초'도 그곳에서 배웠다.

아르바이트는 '직업이란 무엇인가? 조직 안에서 일하는 것이 어떤 것인가?' 등 접객할 때의 마음가짐이나 예의범절에 대하여, 실제의 경험을 통하여 학습하는 중요한 기회를 제공한다. 위의 사례들도 일할 때 필요한 다양한 자질의 습득을 나타내고 있다.

【직업 영역】

직업 영역에서는 기업경영과 다양한 직무수행에 필요한 기술, 예를 들면, 자재, 제조, 영업, 재무, 인사, 시장, 업계에 관한 지식을 습득하고 실천할 수 있도록 훈련받아 인적자본을 획득하였다.

사례 15)

O 씨의 첫 직장은 작은 회사의 비서였다. 회사 규모가 작았던 관계로

비서 경험을 통하여 다양한 일을 처리할 수 있는 '종합적인 능력을 몸에 익혔다.'

사례 16)

P 씨는 회사에서 일하며 회계공부를 하여 사장님과 함께 자금 융통까지 할 수 있게 되었다. 그녀는 그 회사에서 매니지먼트, 영업, 기획, 채용, 교섭, 회계, 자금 융통 등의 스킬을 완벽하게 몸에 익힐 수 있었다.

사례 17)

Q 씨는 회사에 입사하면 리서치 업무를 하고 싶었다. 첫 회사에서는 희망한 대로 조사부에 배속되어 조사부의 여러 부서를 로테이션으로 경험하였다. 여러 부서의 선배들로부터 '시장조사의 기초를 완벽하게 배울 수 있었다.'

사례 18)

R 씨는 본사의 신규사업부에 소속되어 재건 팀(rebuilding)에서 일하였다. 그때 다른 업계로부터 파견 나와 같은 사업부에 있던 3명의 남성과 함께 협업하였다. 재건 팀 경험으로부터 '새로운 기획을 만들어 내는 것'을 배웠다. 그리고 팀 멤버들과 함께 독립하여 창업하였다.

사례 19)

S 씨의 상사인 일본계 여성은 S 씨가 인사부로 이동할 때 최고의 추천장을 써 주었다. 인사부에서의 경험을 통하여 '정보수집과 교육훈련'이라는 전문적 스킬을 몸에 익혀, 그 결과 창업할 때 사업내용이 되었다.

사례 20)

T 씨는 처음으로 근무한 회사에서 변두리 동네의 방문 영업을 담당하였다. 여성이라는 이유로 문전박대를 당하는 일도 많았지만, 일주일간 무상으로 영업처(고객)의 일을 도와주고 난 뒤, 그녀의 노력을 인정받아 점점 고객을 소개받을 수 있었다. 영업경험을 통하여 타인의 마음속으로 (자연스럽게) 파고들 수 있게 되었다.

사례 15에서부터 사례 17까지는 다양한 직무 경험을 통해 기업경영에 필요한 능력을 획득한 사례이다. 더불어 사례 18에서는 동료가 장래의 창업동업자가 되는 사회관계자본이며, 사례 19에서는 상사가 창업가의 멘토로서 사회관계자본이 되었다. 사례 20에서는 고객을 통하여 인적자본을 획득할 뿐만 아니라 다른 고객을 소개해 주는 사회관계자본으로 발전하였다.

제2절 여성 창업가의 문화자본

【가정 영역】

가족에게서 받은 문화자본의 내용으로는 미의식, 근대적 성별 분업의식, 직업 가치관 및 윤리관 등의 메시지를 부모와 조부모로부터 물려받았다.

(형제 관계)

또한, 여성 창업가의 출생순위를 조사한 결과, 첫째가 63.8%(44명)로 가장 많았다. 이 중 형제가 있는 비율은 75%(33명), 형제가 없는 비율은 25%(11명)이다. 이처럼 본 조사의 여성 창업가는 첫째가 많으며, 그중에서도 형제가 있는 첫째, 즉 '형제 중에서 장녀'인 비율이 높았다.

사례 21)

U 씨에게는 2명의 여동생이 있었다. 그녀는 '항상 여동생들과 비교당하며 언니로서 책임감을 느끼도록 (부모로부터) 기대를 받았다.' 이 경험은 창업 후에 '사원교육에서 책임감을 심어주고, 기대를 거는 것의 중요함'으로 이어졌다.

사례 22)

V 씨에게는 2명의 여동생이 있었다. 자매들끼리 도와주고 도움을 받기도 했는데, '무의식중에 자매 관계를 매니지먼트하고 있었을 수도 있다.'라고 그녀는 이야기했다.

이처럼 장녀인 점으로 인하여 가정교육이나 부모로부터의 기대가 특별하며 그 경험이 책임감을 길러주어 형제간을 조정하는 역할이 장래의 창업에 도움이 되는 경우도 있었다.

(반면교사)

이와는 반대로 부모와의 갈등이 자립심으로 이어지는 사례도 있었다. 예를 들면, 가정 영역에서 '당신의 반면교사는 누구입니까?'라는 질문에 대해 가족 내에 반면교사가 있다고 대답한 창업가(10명) 중, '부친' (5명), '모친' (3명), '숙부', '기타 (부모의 친척)' (각 1명)으로 드러났다. 부모는 창업가의 사회화의 중개인으로서 큰 영향을 미치기도 하지만, 다른 의미로는 반면교사로서도 중요한 문화자본을 전승해주는 경우도 있었다.

사례 23)

W 씨의 부친은 여러 번의 이혼과 재혼을 경험하였다. 그 영향으로 W 씨는 항상 '가족이란 무엇이며, 행복이란 무엇인가?'에 대해 생각하게 되었다. 그 결과 W 씨는 '가족의 행복은 집에 있다'라고 생각하고, 그 메시지를 창업의 핵심 사업으로 하였다.

(미의식)

'미의식'에 대하여 살펴보면, 예술(아트) 관련 업계에서 창업한 여성 창업가에서는 예술작품을 주변에서 접할 수 있는 환경에서 자란 경우가 많았다. 또한, 레슨을 통해 미의식을 획득한 사례도 있었다.

사례 24)

X 씨의 부모는 아름다운 것을 좋아하여 유년시절부터 집에서 많은 예술작품을 접할 수 있었다. 이러한 가정환경에서 자란 덕분에 X 씨의 취미는 미술관이나 박물관을 돌아다니는 것이었다. 그녀의 아름다운 것에 관한 관심은 상품 디자인이나 레스토랑 프로듀싱을 하는 현재의 사업내용에 영향을 미치게 되었다.

사례 25)

Y 씨의 부친은 미술 교사였다. 부친은 꾸준하게 전람회에 출전하기 위하여 항상 작품 제작에 몰두하였다. 그녀는 부친과 미술관에 간 적이 많았으며 미술을 가까이에서 접할 환경에 있었기 때문에 결과적으로 이

와 관련된 기업을 창업하였다.

사례 26)

Z 씨는 다도(茶道)의 우아함에 끌려서 중학교부터 고등학교까지 다도부에서 활동하였다. 그 후 학교 밖의 선생님에게도 다도 수련을 받아 '움직임에 과함이 없고, 효율적이고 아름답게 보이게 하는 방법'을 배웠다. 이를 사람들에게 가르치는 것이 E 씨의 창업목적이 되었다.

(종교관과 인생관)

'종교관'과 '인생관'의 경우에는 신앙심이 강한 부모나 조부모로부터 불교의 사생관이나 기독교의 봉사 정신을 배우고, '사회에 환원하고', '금전이 아닌, 세상을 위하여 살아가고', '서로 나누고', '감사하는' 자세를 몸에 익혔다. 또한, 지역 풍토나 사상가의 영향을 받아, '세상을 위하여, 타인을 위하여', '사회에 공헌한다.'라는 사고방식을 중시하게 되었다. 이러한 가치관이 창업 동기인 '사회적 사명'에 영향을 주는 경우도 있었다.

사례 27)

A 씨의 부친은 기독교 신자였다. 그는 언제나 '회사의 종업원과 사회에 되돌려주라'라고 이야기하였다. '누군가를 돕고 싶다'라는 A 씨의 창업 동기는 이처럼 부친의 이야기로부터 영향을 받은 것이다.

사례 28)

B 씨의 증조부는 자영업자였으며 남을 잘 돌보는 사람이었다. B 씨는 증조부로부터 '사리사욕이 아닌, 남을 위하여 생각하고 나누라'라는 가르

침을 배웠다.

사례 29)

C 씨가 살았던 지역의 분위기에는 '자연스럽게 타인을 배려'하는 사고방식이 있었다. 그 영향을 받아 그녀는 '세상을 위하여, 타인을 위하여' 일하고 싶다고 생각하게 되었다. C 씨는 고향의 고등학교를 졸업하고, 사회복지 관계 일을 목표로 도쿄로 오게 되었다.

(근대적인 성별 분업 의식)

'근대적인 성별 분업 의식'은 여성의 취업을 인정하고 여성 창업가로의 커리어 형성을 촉진하는 요인으로 생각된다. 문화자본으로써 '근대적인 성별 분업 의식'에 대하여서는 실제로 유소년기에 '남자처럼 키워지거나', 부모와 조모로부터 '남성에게 의지하지 않고 사는 법을 배움'과 같은 메시지를 이해한 창업가의 사례가 있었다. 그 밖에도 '앞으로는 여자가 남자에게 의지해서 살아가는 시대가 아니다.', '난관에 부딪쳐도 극복한다.' '(어떠한 일에도) 철저하게 임한다.' '가정도 일도 소중하게 생각한다.'라는 메시지가 있었다. 여기에서는 특히 조모로부터의 영향이 큰 점에 대해 다루고 있다.

사례 30)

D 씨의 조모는 유소년기에 도쿄에 와서 식당에서 경험을 쌓고, 분점을 내어 음식점을 경영하는 데 성공하였다. 조모는 장사를 좋아하는 사람으로 재무관계의 공부도 독학으로 습득하였다. 이러한 조모의 모습을 보며, '(어떤 일이라도 덤비면) 불가능한 일은 없다'라는 점을 배웠다. 이

는 커리어를 이어나가면서 '난관에 부딪쳐도 극복한다.'라는 행동력으로 이어졌다.

사례 31)

E 씨의 조모는 메이지 시대 출생 여성(明治女)으로, 남자 같은 성격으로 심지가 곧은 사람이었다. 조모는 미용사 일은 물론이고 주부 역할도 열심이었다. E 씨는 조모로부터 '가정과 일의 양립'의 훌륭함을 배웠다.

사례 32)

남자아이를 원했던 F 씨의 부친은 F 씨를 남자처럼 키웠다. 주변 사람들에게도 마치 그녀가 장남인 것처럼 이야기하고, 항상 '남자들에게 지지 마라'라고 가르쳤다.

사례 33)

G 씨는 유소년기에 부친으로부터 한 번도 '시집가거라'라는 말을 들어본 적이 없었다. 그리고 모친으로부터는 중학교, 고등학교, 대학 진학을 결정할 때에도 '여자도 일을 가져야 한다'라고 귀에 못이 박히도록 들었다.

(직업 가치관 및 윤리관)

직업 가치관 및 윤리관에 대하여, 특히 부모가 자영업을 하는 경우에는 '일하는 것은 당연'하고, '어린 시절부터 사장이 되고 싶어'서 창업가를 목표로 하거나, '없으면 (스스로 무엇이라도) 만든다.', '(필요한 것은) 새롭게 만들어낸다'라는 창조적인 정신을 키웠다. 특히 부친의 역할의 중요성에 유의해야 할 것이다.

사례 34)

부모가 가내공업을 하여 H 씨는 가사와 일이 같은 환경 속에서 생활하였다. 그 경험을 통하여 '일하는 것은 당연'하다고 생각하였고, '일과 삶의 균형(Work-life balance)'을 실현하는 방법을 몸에 익혔다.

사례 35)

자영업(제조업)을 하는 부친을 보면서, I 씨는 중학교 시절부터 '사장이 되고 싶다'라고 생각하였다. '언젠가(무엇인가) 새로운 물건을 만들고 싶다'라는 I 씨의 생각은 부친으로부터 영향을 받은 것이었다.

사례 36)

J 씨의 부모는 장사하는 집안으로 음식점을 경영하고 있었다. 유소년기부터 '(필요한 것이) 없으면 (스스로) 만든다.'라는 것이 당연한 환경에서 자라서, 그녀는 '세상 어디에도 없으니 (스스로) 만들어 보고 싶다.'라는 강한 의지로 창업하였고 새로운 제품을 개발하였다.

【학교 영역】

학교 영역에서 여성 창업가는 학교의 교풍이나 수업내용 등을 통해 자주성을 몸에 익히고 좋은 세상을 만들고 싶다는 가치관을 배웠다.

사례 37)

K 씨가 다녔던 고등학교는 '자주성, 자립심이 없으면 자유롭지 않다'라는 모토를 내건 학교였다. '원래 공부나 시험이란 스스로를 위한 것으로 생각하라'라는 가르침으로 시험 때에도 시험 감독은 없었다. 이러한

교풍으로 인하여 K 씨는 '자주적으로 생각하는 것'의 소중함을 배웠다.

사례 38)

L 씨는 대학에서 개발도상국의 경제에 대한 세미나에 참가하였다. 그
세미나 덕분에 개발도상국뿐만 아니라, '세상을 위한 일을 하고 싶다'라
고 생각하였다. 그 사고방식은 '투자로 좋은 세상을 만들고 싶다'라는 그
녀의 창업 동기에 강한 영향을 미쳤다.

【해외 경험】

해외 경험이 있는 사람은 다음 <표 10>에 제시한 바와 같이 여성 창업가
의 61.4%(27명), 해외 경험을 한 이유로는 '유학'이 많았다(66.7%: 18명).

'해외 경험'을 통하여 획득한 '문화자본'으로는 '지금의 비즈니스로
이어지는 영감을 얻었다.', '타문화를 체험한 덕분에 고정관념이 없어졌
다.', '자신의 나라를 객관적인 시각으로 볼 수 있게 되었다', '외국에는
있지만, 일본에는 없는 것을 깨닫게 되었다' 등 타문화를 바라보는 시각
과 같은 문화자본을 학습하였다. 다음 사례 39에서는 해외 경험을 통하
여 근대적인 성별 분업 의식을 몸에 익혔다.

<표 10> 해외 경험 이유

해외 경험 이유	N	비율
해외여행	4	14.8%
유학	18	66.7%
일	1	3.7%
기타	4	14.8%
합계	27	100%

사례 39)

M 씨는 유소년 시절에 해외 생활이 길었던 탓에 주변에는 '가정도 일도 취미도 즐길 줄 아는 여성'이 많았다. 이 때문에 '가정도 일도 소중하게 생각하고 싶다'라는 생각이 강해졌다.

사례 40)

N 씨는 초등학교 시절에 부친의 전근으로 해외에서 타문화를 경험하였다. 그곳에서는 '자신이 지금까지 당연하다고 생각하였던 것, 일반적이라고 생각하였던 것들이 다른 이들에게는 다를 수도 있다'는 점을 학습하였다. '고정관념을 갖지 않도록' 항상 명심하고, 지금은 타문화 교류 경험을 살린 비즈니스를 펼치고 있다.

【직업 영역】

직업 영역에서 획득한 '문화자본'의 내용을 보면, 직장 관련 또는 일 관계의 사람들로부터 영향을 받아, 창업에 적극적으로 뛰어들거나, 사회적 사명에 눈뜬 사례가 있었다.

사례 41)

O 씨가 취직한 회사는 학력, 성별, 나이와 관계없이 일할 수 있는 직장이었다. 또한, 사원이 스스로 기회를 만들고, 그 기회를 통하여 스스로 성장하는 것을 장려하는 등 사원이 독립하는 것에 대하여 적극적인 회사였다. O 씨는 그러한 회사 분위기에 영향을 받아 창업하였다.

제3절 여성 창업가의 사회관계자본

여성 창업가는 유소년기부터 지금까지 어디에서, 어떻게 사회관계자본(멘토, 서포터, 파트너 등)을 획득하는 것일까?

【가정 영역】

여성 창업가는 가정 영역에서 부모로부터 정신적으로 경제적으로 지원받았던 것으로 나타났다.

사례 42)

P 씨의 부친은 그녀에게 '무슨 일을 해도 기뻐해 주는 사람이 있다'라는 안심감을 주는 존재였다. 그녀의 부친은 항상 '용기를 북돋아 주었고', 경제적 지원도 아끼지 않았다.

사례 43)

Q 씨의 모친은 혼자서 3명의 자녀를 키웠다. 모친으로부터 '넌 훌륭한 사람이 될 거야'라는 말을 들었다. Q 씨가 곤란한 상황에 처했을 때도 '나도 해냈는데, 너라면 할 수 있을 거야'라고 말해주었다. 항상 격려해 준 모친 덕분에 '타인을 위하여 도움이 되는 일'을 목표로 창업하였다.

【학교 영역】

학교 영역에 대하여 살펴보면, 여성 창업가는 학교 선생님이나 서클 친구로부터 다양한 지원을 받았고, 또한 창업가 세미나에서 알게 된 사람이 창업 시 지원해 준 사례도 있었다.

사례 44)

대학원 시절부터 오랫동안 지도해주신 교수님은 R 씨가 장래에 창업할 업계를 잘 알고 있는 사람이었다. 종종 업계에 대하여 가르쳐주고 업계에서 R 씨의 첫 일을 소개해 준 것도 교수님이었다. R 씨가 창업한 뒤에도 어드바이스를 해주거나 용기를 북돋아 주었다.

사례 45)

아이를 키우고 있었던 전업주부 S 씨는 플라워 디자인에 대하여 제대로 배워보고 싶었다. 그래서 전문학교를 몇 군데나 돌아다녔지만, 전부 거절당하였다. 마지막으로 방문한 곳의 나이 지긋하신 선생님이 흔쾌히 받아주었고, 전문자격을 딸 때까지 S 씨를 가르쳐 주었다. 결과적으로 그 경험이 그녀의 창업을 가능하게 하였다.

사례 46)

T 씨는 상공회의소의 창업가 세미나에 참가하였다. 창업가 세미나에서 알게 된 부부와 여행을 하게 되었고, 그녀는 장래에 창업하고 싶다는 이야기도 하였다. 그 뒤 부인으로부터 출자해줄 테니 창업을 해 보는 것이 어떻겠냐는 권유를 받았다. 그녀에게 후원을 받고 T 씨는 창업하였다.

사례에서 밝혀진 것은 멘토로서 여성 창업가를 지도한 선생님들은 장래의 창업에 관련된 '사회관계자본'뿐만 아니라, 필요한 기술의 습득이라고 하는 '인적자본', 또는 직무의 수행에 필요한 핵심적인 직업 가치관 등의 '문화자본'까지도 제공하는 존재인 것으로 나타났다.

【서클 영역】

사례 47)

U 씨는 이혼하고 어린 아들과 2명이 살고 있었다. 어려웠던 한 부모 가정 시기에 그녀가 소속되어 있던 서클의 남성 동료 8명이 '아들의 케어와 아버지 역할을 해 주었다.'

사례 47은 여성 창업가와 '강한 연대(언제나 만나는 관계)'에 있는 친밀한 동료가 육아를 지원해 준 사례이다.

【직업 영역】

직업 영역에서 멘토에 대해 분석한 결과, 상사 52.6%(20명), 기타(창업학원 등에서 알게 된 사람) 26.3%(10명), 선배와 거래처 상대방이 각각 5.3%(2명), 동료 2.6%(1명) 순이었다. 여성 창업가는 직업 영역의 멘토로부터 창업에 필요한 정보를 얻고, 인재를 소개받아 창업 활동을 하게 되었다. 다음 사례 48과 사례 49는 상사가 '사회관계자본'인 경우이다.

사례 48)

V 씨가 일했던 외자계 기업의 사장님은 여성 매니저 채용에 적극적인 사람이었다. 사장님이 지원해 준 덕분에 V 씨는 영업직 스킬을 갈고닦아, 일을 잘한다고 인정받게 되었다. 영업경험을 통하여 인맥을 만들 수 있었고, 이후 창업 활동에 큰 도움이 되었다.

사례 49)

W 씨는 첫 직장에서 다양한 지방의 점포영업을 돌아다니는 영업 매

니저로 장기간 근무하였다. 그 직장에서 알게 된 동료들은 그녀를 '업무적인 측면에서 적극적으로 지원해주었다.' 창업한 뒤에도 W 씨는 '전 직장의 동료로부터 일감을 받거나, 일에 관한 상담을 받고 있다.'

사례 50)

X 씨는 고등학교와 대학에서 골프부에 들어가 주장을 담당하였다. 그 뒤에도 골프부 OB, OG 동료들과는 친밀한 인간관계로 이어졌다. 그리고 취직 후 사장님들과의 골프모임에 들어가면서 인맥이 넓어졌다. 그녀가 창업할 당시 골프를 통하여 알게 된 사람들로부터 다양한 지원을 받았다.

사례 51)

Y 씨는 일을 통하여 메이지 시대(역주: 1868년~1912년)에 태어난 남성과 알게 되었다. 그는 언제나 Y 씨를 회식 자리에 데려갔고 평소 만날 수 없었던 각계 명사들을 소개해 주었다. 그 경험을 통하여 다양한 시점을 배우고 '어디에 시점을 두는지가 중요'하다는 것을 깨닫게 되었다.

사례 52)

Z 씨는 컴퓨터 학원의 강사로 파견직 업무를 담당하였다. 파견된 곳은 청각장애인의 컴퓨터 교실이었고 그곳에서 장애인의 취업 지원을 하고 싶다는 생각을 하였다. 그즈음 장애인의 자원봉사 활동을 하고 있던 동료와 알게 되었고, 컴퓨터 자원봉사 네트워크를 통한 협력이나 지원의 폭이 넓어지면서 NPO법인을 설립하게 되었다.

사례 49에서는 전 직장동료, 사례 50에서는 일과 관련된 모임, 사례

51에서는 다양한 업계를 꿰뚫고 있는 멘토, 사례 52에서는 일 관계의 지인이 여성 창업가의 귀중한 사회관계자본이 되었다. 이처럼 직업 영역에서는 상사나 사장 등의 '종적인 관계'나 업무상 동료 등의 '횡적인 관계'에 기반한 '사회관계자본'이 존재한다.

【창업동업자】

'창업동업자'는 여성 창업가에게 매우 중요한 '사회관계자본'이다. 본 조사에서의 '창업동업자'는 '함께 회사를 설립한 사람 또는 공동경영자'라고 정의하였다. 다음 <표 11>에 제시한 바와 같이 본 조사의 여성 창업가 42.9%(24명)가 '동업자가 있음'이라고 응답하였다. 동업자 수는 '한 명의 동업자(23.2%:13명)'가 가장 많았고, '2명의 동업자(16.1%:9명)', '3명의 동업자(1.8%:1명)', '10명의 동업자(1.8%:1명)'의 순으로 나타났다. 즉, 여성 창업가의 40% 이상이 동업자와 함께 회사를 설립한 것으로 나타났다. 이는 '미국 창업가의 절반 이상이 복수의 동업자와 함께 창업하였다'라는 루에프(Ruef, 2010)의 조사결과를 뒷받침하는 것이기도 하다. 루에프는 '창업 활동은 개인 활동이라기보다는 오히려 창업동업자와의 연대와 협력에 의한 집합행위'라고 주장하였다. 본 연구의 여성 창업가의 경우에서도 창업 활동을 개인보다는 창업동업자와의 집합행위로 보는 경우가 다수 관찰되었다.

'동업자는 누구인가?'에 관하여 물었을 때, 동업자가 누구인지에 대하여 대답한 19명 중, '전 직장동료(52.6%:10명)'의 비율이 가장 높았다. 이어서 '가족(26.3%:5명)', '창업가 세미나 지인'과 '친구'가 각각 (3.7%:2명)이었다.

<표 11> 창업 시 동업자 수

동업자 수	N	비율
0명	32	57.1%
1명	13	23.2%
2명	9	16.1%
3명	1	1.8%
10명	1	1.8%
합계	56	100%

제4절 여성 창업가의 경제자본

여성 창업가는 창업에 어느 정도의 자금이 필요하며, 창업자금을 어디에서 얻게 되는 것일까? 우선 다음 <표 12>에 제시한 바와 같이 '창업

<표 12> 창업자금

창업자금	N	비율
0.2만 엔	1	2.1%
50만 엔	1	2.1%
60만 엔	1	2.1%
100만 엔	6	12.5%
200만 엔	1	2.1%
300만 엔	17	35.4%
320만 엔	1	2.1%
400만 엔	2	4.2%
500만 엔	3	6.3%
510만 엔	1	2.1%
700만 엔	1	2.1%
785만 엔	1	2.1%
1,000만 엔	11	22.9%
1,200만 엔	1	2.1%
합계	48	100%

자금이 필요하였다'라고 응답한 사람은 여성 창업가의 69.6%(48명)이었다. 창업자금의 중앙값은 300만 엔, 평균값은 475만 엔이었다.

다음으로 '창업에 필요한 자금은 어디에서 얻게 되었는지'에 대하여 분석하였다. 먼저, 창업자금의 입수처가 한 곳인 경우는 자기자본이라고 대답한 여성 창업가가 26명, 이어서 친구(3명), 은행(2명), 가족(1명), 동업자(1명)의 순이었다. 창업자금의 입수처가 복수인 경우는 17명이었으며, '자기자본과 동업자(7명)', '자기자본과 가족(6명)', '자기자본과 친구(2명)', '자기자본과 은행(2명)'의 조합으로 창업자금을 입수하였다. 한마디로 26명의 여성 창업가는 창업자금을 자기자본만으로 충당하였다.

또한, 창업자금 입수처가 '가족'인 경우는 '남편'이 4명, '부친'이 3명이었다. 각 창업자금의 입수처별 자금액의 평균값을 보면, '자기자본(368만 엔)', '동업자(397만 엔)', '가족(165만 엔)', '친구(446만 엔)', '은행(383만 엔)'이었다.

제5절 요약

제4장에서는 여성 창업가가 유소년기부터 성인기에 이르기까지 4개의 자본을 어떻게 획득하였는가에 대하여 분석하였다.

먼저, 여성 창업가가 '자본을 획득한 영역'으로는 '가정 영역'이 가장 많았다. 특히 부모와 조모를 통하여 '인적자본'과 '문화자본'을 획득하였다. 예를 들어, 창업한 부모와 조모로부터 '경영 스타일'과 '장사하는 법' 등의 '인적자본'을 획득하였다. '문화자본'으로는 부모와 조부모의 '미의식', '근대적인 성별 분업 의식', '직업 가치관과 윤리관', '종교관과 인생관'을 창업가가 내면화하는 사례가 관찰되었다. 예를 들면, 부모가 자영업을 영위하는 경우에는 '일하는 것이 당연', '장래에 창업하고 싶다'라는 여성 창업가의 '직업 가치관과 윤리관'에 영향을 미쳤다. 또는 부모와 조모로부터 '남성에게 의지하지 않고 사는 법을 배워라'라는 메시지를 학습한 창업가의 사례가 있었다. 더불어, 부모(사회관계자본)로부터 '정신적/경제적 지원'을 받아 창업한 사례도 있었다.

'학교 영역'과 '서클 영역'에서는 '체력', '인내심', '정신력', '소통능력', '매니지먼트 능력' 등의 '인적자본'을 획득하였다. 또한, 학교의 교풍이나 수업내용을 통해 '자립의 중요성'을 몸에 익히고, '좋은 세상을 만들고 싶다'라는 '가치관(문화자본)'을 배웠다. 학교 선생님(사회관계자본), 즉, 멘토는 기술이나 숙련(인적자본)을 습득시키고, 특정 업계에서 통용되는 가치관(문화자본)을 가르쳐 주는 역할을 하는 경우가 많았다.

'해외 경험'에서는 '창업으로 이어지는 영감', '타문화 체험을 통하여 고정관념이 없어지는' 등의 타문화를 바라보는 시각을 몸에 익히고, 타문화 간 가교가 되는 비즈니스를 창업한 사례가 있었다.

또한, '아르바이트 영역'에서는 '팀워크', '고객과의 소통 스킬'을 획득하였다. 직업 경험을 통해 일과 관련된 '인적자본'과 '문화자본'을 획득하는 사례가 있었다.

'직업 영역'에서는 기업경영과 다양한 직무수행에 필요한 기술이나 지식 등의 '인적자본'을 습득하였다. 또한 '직업 영역'의 멘토에게 일에 관한 상담을 하거나 창업에 필요한 정보나 인재를 소개받는 등 창업가의 '사회관계자본'이 창업에의 지원을 제공하게 되는 것을 알 수 있었다. 직장의 멘토에게 창업을 권유받아서 창업에 이른 사례도 있었다.

더불어, '창업 시 동업자가 있었던 여성 창업가'는 42.9%(24명)를 차지하였으며, 40% 이상이 동업자와 함께 창업하였다. 이 중에 '창업 시 동업자가 1명'은 23.2%(13명)로 가장 많았으며, 동업자는 '전 직장동료'

가 가장 많았고, 다음으로 '가족'이었다. 이와 같이 여성 창업가의 40% 이상이 동업자와 함께 회사를 설립하고, 개인이라기보다는 동업자와의 집합행위로서 창업하는 경우가 보였다.

마지막으로 여성 창업가가 창업에 필요한 '경제자본'에 대하여, 43명의 여성 창업가가 '자기자본'으로 창업하였으며, 이 중 17명의 여성 창업가가 자기자본에 더하여 다른 입수처(동업자, 가족, 친구, 은행)와의 조합으로 창업한 것으로 드러났다.

제 5 장 ——— 여성 창업가의
직업 커리어
패턴 유형학

제1절 여성 창업가의 직업 커리어 패턴을 구성하는 7개의 차원

먼저, 여성 창업가의 직업 커리어 패턴을 구성하는 차원(dimension : 변수)에 대하여 분석하였다. 여성 창업가는 창업에 이르기까지 다양한 경력을 거쳐 다양한 직업 커리어 패턴을 형성하게 된다. 제4장의 여러 사례에서도 밝혀진 바와 같이 여성 창업가는 대부분 상당히 독특한 커리어 과정을 통해 창업에 이른 것으로 생각된다. 본 연구에서는 다음과 같이 69명의 여성 창업가의 사례에서 반복적으로 관찰되는 몇 가지 공통된 차원을 도출하였다. 그 결과 아래와 같은 여성 창업가의 직업 커리어 패턴을 구성하는 7개의 차원을 설정하였다. 제2절에서 전술한 바와 같이 이들 7개의 차원을 사용한 클러스터 분석을 통해 여성 창업가의 직업 커리어 패턴 유형학(typology)을 구성하였다.

이들 7개의 변수에 대해서는 각 변수의 속성에 '있음(예)' 혹은 '없음(아니오)'으로 할당하였다.

【창업가가 되기 위한 커리어의 의도성 유무】

① '처음부터 창업가를 의도한 커리어'
커리어 형성 초기 단계부터 '창업가가 되는 것'을 염두에 두고, 이를 위하여 커리어의 각 단계에서 전략적으로 필요한 자본을 준비하였는가?

② '처음부터 창업을 의도하지 않은 커리어'
처음부터 계획된 커리어 패스를 형성하기보다는 우연한 일에 의해 커리어에 영향을 받았는가?

【사회적 사명의 유무】

③ '사회적 사명'과의 만남
창업에 관한 의사결정 과정에서 경제적 이윤을 추구하고, 기업 규모의 확대를 추진하기보다는 오히려 사회적 사명에 가치를 두었는가?

【기업 간 이동패턴】

④ 기업 내 숙련
기업 내 취업경험을 중심으로 창업에 필요한 자본을 축적하였는가?

⑤ 기업 간 이동숙련
복수의 기업 간을 이동하면서 창업에 필요한 자본을 축적하였는가?

【특정한 핵심적 능력을 획득한 영역】

⑥ 스페셜리스트

특정한 영역에 특화된 핵심적 능력을 획득하고 축적하였는가?

⑦ 제너럴리스트

서로 다른 영역 간(업종 간, 지역 간, 문화 간)을 연결하거나, 가교 역할을 하고, 특정한 핵심적 능력을 획득하고 축적하였는가?

상기 7개의 차원은 '예=1', '아니오=2'로 코드화하여 여성 창업가의 유형을 도출하기 위하여 사용된 변수이다. 예를 들면, '기업 내 숙련'은 제 2장에서 설명한 것처럼, 무어와 버트너(Moore and Buttner, 1997)의 '출세 지향자(corporate climbers)'에 해당하고, 조직 내에서 커리어를 형성하고, 스킬을 축적해 나가는 유형이다. 또한 '처음부터 창업을 노린 커리어'는 무어와 버트너가 설명한 '의도적 창업가(intentional entrepreneurs)'에 해당한다.

이 연구에서는 여성 창업가의 '직업 커리어 패턴 유형학'을 분석하기 위하여 클러스터 분석을 사용하였다. 클러스터화 방법으로는 Ward법, 평방 유클리드 거리(Euclidean distance)를 간격으로 표준화에 Z점수(z-score) 를 이용하여 분석하였다. 분석결과 여성 창업가는 다음과 같은 4개의 클 러스터로 분할되었다.

제2절 4개 클러스터의 여성 창업가의 직업 커리어 패턴 프로필

제2절에서는 '여성 창업가의 직업 커리어 패턴 프로필'에 대하여 기술하고자 한다. 4개의 클러스터 간의 '직업 커리어 패턴'의 차이를 살펴보기 위하여 다음 <표 13>에 제시한 바와 같이 7개 차원(변수)의 변수별로 4개의 클러스터를 비교하였다. 이 연구의 목적은 모집단의 특성에 대하여 추측하는 것이 아니라 샘플 특성을 기술하는 것에 있다. 그렇기 때문에 변수 간의 관계에 대하여서는 크래머의 V(Cramer V)를 사용하여 변수 간의 관련성(강한 연대: 관계의 강함)에 대하여 분석하였다. 사례수가 적으므로 크래머의 V값은 어느 정도의 경향을 알아보기 위하여 참고자료로 제시하였다. 4개의 클러스터의 여성 창업가의 '직업 커리어 패턴'은 다음과 같다.

【클러스터 1: 스페셜리스트】 59.4%(41명)

클러스터 1에 해당하는 여성 창업가 41명 중 38명(92.7%)이 '스페셜리스트'에 해당하였다. 다시 말하면, '스페셜리스트'를 지향하는 창업가란 '특정 영역에 특화된 핵심적 능력을 획득하고 축적한 사람들'을 말한다.

【클러스터 2: 처음부터 창업을 의도하지 않은 커리어】 15.9%(11명)

클러스터 2에 해당하는 여성 창업가 11명 중 11명(100%)이 '처음부터 창업을 의도하지 않은 커리어'에 속한다. 처음부터 반드시 커리어 패스나 창업과정을 의도한 것이 아니라, '우연한 계기로 이후 커리어가 영향을 받은 여성 창업가'들이 이 유형에 해당한다.

【클러스터 3: 제너럴리스트】 11.6%(8人)

클러스터 3에 해당하는 여성 창업가 8명 중 8명(100%)이 '제너럴리스트'에 속한다. '제너럴리스트' 유형의 여성 창업가는 '서로 다른 영역간을 연결하거나 가교역할을 하며 특정한 핵심적인 능력을 획득하고 축적'한다.

<표 13> 4개의 클러스터와 7개의 차원(변수)[11]

		클러스터 1	클러스터 2	클러스터 3	클러스터 4	Cramer V
처음부터 창업을 의도한 커리어	있음	0.0 (0)	0.0 (0)	0 (0)	100 (9)	1.00***
	없음	100 (41)	100 (11)	100 (8)	0.0 (0)	
처음부터 창업을 의도하지 않은 커리어	있음	0.0 (0)	100 (11)	0.0 (0)	0.0 (0)	1.00***
	없음	100 (41)	0.0 (0)	100 (8)	100 (9)	
사회적 사명	있음	34.1 (14)	54.5 (6)	37.5 (3)	22.2 (2)	.188
	없음	65.9 (27)	45.5 (5)	62.5 (5)	77.8 (7)	
기업 내 숙련	있음	31.7 (13)	27.3 (3)	0.0 (0)	22.2 (2)	.228
	없음	68.3 (28)	72.7 (8)	100 (8)	77.8 (7)	
기업 간 이동숙련	있음	31.7 (13)	18.2 (2)	25.0 (2)	33.3 (3)	.115
	없음	68.3 (28)	81.8 (9)	75.0 (6)	66.7 (6)	
스페셜리스트	있음	92.7(38)	36.4 (4)	12.5 (1)	66.7 (6)	.650***
	없음	7.3(3)	63.6 (7)	87.5 (7)	33.3 (3)	
제너럴리스트	있음	2.4 (1)	18.2 (2)	100 (8)	0.0 (0)	.847***
	없음	97.6 (40)	81.6 (9)	0.0 (0)	100 (9)	
합계		41	11	8	9	

---

11) 표 안의 숫자는 %이다. ( ) 안의 숫자는 실수이다. 「0.25 미만」 = 거의 관련 없음, *「0.25~0.3 미만」 = 약한 관련, **「0.3~0.5 미만」 = 중간 정도 관련, ***「0.5 이상」 = 강한 관련, 7개의 차원 간 상관계수를 확인하고, 차원 간 독립성을 확보하여 클러스터 분석을 하였다.

【클러스터 4: 처음부터 창업을 의도한 커리어】 13%(9명)

클러스터 4에 해당하는 여성 창업가 9명 중 9명(100%)이 '처음부터 창업을 의도한 커리어'에 속한다. 즉, '처음부터 창업을 꿈꾼' 여성 창업가가 이 유형에 해당한다.

제3절 여성 창업가의 4개 클러스터 프로필

제2절에서는 여성 창업가가 4개의 클러스터로 분류되었다. 이 절에서는 각 클러스터의 프로필에 대하여 분석하고자 한다. 제4장에서 밝혀진 바와 같이 여성 창업가는 유소년기부터 성인기에 이르기까지 다양한 영역에서 4개의 자원을 획득하였다. 그리고 이 절에서는 '여성 창업가의 기본적 속성(연령과 교육수준)', '가정 영역 요인', '학교 영역 요인', '직업 영역 요인'과 '여성 창업가의 4개의 클러스터'와의 관계를 분석하고, 4개의 클러스터의 특성을 기술하고자 한다.

특히 이 절에서는 자원 요인과의 관계에서 분석한 '여성 창업가의 4개의 클러스터 특성'에 대하여 고찰하고자 한다. 다음 <표 14>는 각 클러스터의 특성을 나타낸 것이다.

(1) 클러스터 1: 스페셜리스트

스페셜리스트란, '특정 영역에 특화된 핵심적 능력을 획득하고 축적한' 창업가이다. 스페셜리스트의 '연령'은 '46세부터 90세'의 비율(78%)이 높았다. '스페셜리스트' 여성 창업가의 평균연령은 55세이며, 4개의 클러스터 중에서 최고 '연장자 세대'이다.

스페셜리스트의 첫 직장 시기는 '1946년대부터 1985년'의 비율(61%)이 높았다. '첫 직장 시기'의 평균값은 1981년이며, 4개의 클러스터 중에서 가장 이른 시기에 첫 직장에 입사했다. 이는 이 클러스터의 평균연령이 높은 점을 반영하고 있다.

스페셜리스트의 '창업 전 취업 기간'을 보면, '8년부터 27년'의 비율(75%)이 높았다. '창업 전 취업 기간'의 평균값을 비교하면 스페셜리스트의 '취업 기간'은 13.4년이며, 4개의 클러스터 중에서 가장 장기간이었다.

스페셜리스트의 '창업 시 연령'은 '40대 이상'의 비율(51.2%)이 높았다. '창업 시 평균연령'은 38.9세이며, 4개의 클러스터 중에서 가장 연장자이다. 스페셜리스트의 '창업 동기'로는 누군가로부터 창업을 권유받았거나, 거래처의 의뢰를 받아 법인화하는 '후원자형', 그리고 '전 직장에서는 하지 못했던 일을 하고 싶다'라는 비율이 높았다.

요컨대, 스페셜리스트는 다른 클러스터와 비교하여 창업 전 취업 기간이 길고, '창업 시 연령'도 높다는 특징을 보였다. 또한, 이 유형은 직업 커리어를 장기간 지속하고 많은 자원을 축적한 여성 창업가라 할 수 있다. '창업 동기'는 획득한 자원에 따라서 창업 활동이 지원되는 '후원자형'과 '전 직장에서는 하지 못했던 일을 하고 싶다'라는 비율이 높았다.

(2) 클러스터 2: 처음부터 창업을 의도하지 않은 커리어

먼저, '처음부터 창업을 의도하지 않은 커리어'의 창업가란, '처음부터 계획된 커리어 패스를 형성하는 것이 아닌, 우연한 일로 이후의 커리어에 영향을 받은' 창업가이다.

<표 14> 여성 창업가의 4개의 클러스터 특징[12]

	클러스터				Cramer V
	스페셜리스트	처음부터 창업을 의도하지 않은 커리어	제너럴리스트	처음부터 창업을 의도한 커리어	
연령 (평균값)	46세부터 90세 비율이 높음 (55세)	(50세)	(49세)	24세부터 45세 비율이 높음 (40세)	.321**
교육수준 (대학 이상)	61%	63.3%	62.5%	44.4%	.198
부모의 이혼				부모의이혼	.320**
학교 영역		자원을 획득하지 않음		자원을 획득함	.285*
첫 직장 시기 (평균값)	1946년부터 1985년의 비율이 높음 (1981년)	(1985년)	1946년부터 1985년의 비율이 높음 (1986년)	1986년부터 2007년의 비율이 높음 (1995년)	.334**
창업 전 취업기간 (평균값)	8년부터 27년의 비율이 높음 (13.4년)	(12.9년)	0년부터 7년의 비율이 높음 (6.2년)	0년부터 7년의 비율이 높다. (7.1년)	.268*
창업 연도 (평균값)	(1997년)	1998년부터 2003년의 비율이 높음 (2000년)	1966년부터 1997년의 비율이 높음 (1995년)	2005년부터 2011년의 비율이 높음 (2002년)	.239
창업 시 연령 (평균값)	40대 이상 비율이 높음 (38.9세)	(37세)	30대 비율이 높음 (31세)	20대 비율이 높음 (28.7세)	.365**
창업 동기	후원자형/전 직장에서는 하지 못했던 일을 하고 싶음	사회적 사명/창업 이외의 선택지가 없음	창업 이외의 선택지가 없음/사회적 사명	처음부터 독립을 생각하고 있었음	.400**

　　'처음부터 창업을 의도하지 않은 커리어'의 평균연령은 50세이며, 스페셜리스트 다음으로 연령이 높았다. 이 유형의 창업가로는 '학교 영역'에서 '자원을 획득하지 않았다'라는 비율(90.9%)이 높았다.

　　'첫 직장 시기'의 평균값은 1985년이며, 1985년의 '남녀고용기회균등

---

12) (　) 안의 숫자는 평균값을 나타낸다. 「0.25 미만」 = 거의 관련 없음, *「0.25~0.3 미만」 = 약한 관련, **「0.3~0.5 미만」 = 중간 정도의 관련, ***「0.5 이상」 = 강한 관련.

법 시행' 전후에 첫 직장에 들어간 경향을 보였다. '창업 전 취업 기간'의 평균값은 12.9년이며, 스페셜리스트에 이어 긴 기간이었다. 이 클러스터의 여성 창업가는 '창업 시 연령'의 평균값이 37세이고, 스페셜리스트 다음으로 높은 연령이었다.

제6장에서 설명하는 바와 같이 1998년의 'NPO법 제정 이후'에 창업한 경향이 있었다. '창업 동기'에는 '사회적 사명'과 '창업 이외의 선택지가 없음'이라는 비율이 높았다. 이 유형에서는 '세상에 도움이 되고 싶다'라는 사회적 사명이 창업 동기로 이어진 경향을 보였다. '창업 이외의 선택지가 없음'이라는 창업 동기는 일을 계속하길 원했거나, 전직할 곳을 찾아도 적당한 선택지가 보이지 않아서 '스스로 창업하는 것밖에는 선택지가 없었음'이라는 경향을 보였다.

요약하면, '처음부터 창업을 의도하지 않은 커리어'는 스페셜리스트에 이은 연장자 창업가이다. 그리고 학교 영역에서 자원을 획득하지 않았다는 특징이 있었다. 스페셜리스트와 마찬가지로 창업 전에 긴 취업 기간을 경험하였다. 창업 동기로는 처음부터 창업을 의도하지 않은 커리어의 여성 창업가는 사회적 사명을 위하여 창업하였거나, 취업을 계속하기 위해서는 창업 이외의 선택지가 없었던 경향을 보였다.

(3) 클러스터 3: 제너럴리스트

우선, 제너럴리스트란 '서로 다른 영역 간(업종 간, 지역 간, 문화 간)을 연결하고 중개하면서 특정한 핵심능력을 획득하고 축적한' 창업가를 말한다. '제너럴리스트'의 평균연령은 49세이며, '처음부터 창업을 의도하지 않은 커리어'와 동일한 세대이다.

첫 직장 시기(평균값 1986년)는 '1946년부터 1985년'의 비율(62.5％)

이 높았고, 이는 '처음부터 창업을 의도하지 않은 커리어'와 거의 마찬가지였다. '창업 전 취업 기간'(평균값 6.2년)은 '0년부터 7년'의 비율(62.5%)이 높았고, 4개의 클러스터 중에서도 가장 짧았다.

'창업 동기'는 '창업 이외의 선택지가 없음'과 '사회적 사명'의 비율이 높았다. '일을 계속하기 위해서는 창업밖에 선택지가 없었다거나', '세상에 도움이 되고 싶다'라는 사명감에 의한 창업 동기가 많이 발견되었다.

또한 '창업 시 연령'은 '30대'의 비율(50%)이 높았고, '창업 시 연령'의 평균값은 31세였다.

정리하면, 제너럴리스트는 '처음부터 창업을 의도하지 않은 커리어'와 거의 같은 세대이며, 같은 시기에 첫 직장에 입사했다. 그러나 제너럴리스트는 창업 전 취업 기간이 짧은 경향이 발견되었다.

창업 전 취업 기간은 짧았지만, 제너럴리스트는 서로 다른 영역 간의 가교역할을 수행하며, 복수의 비즈니스를 조합하여, 특정한 핵심적 능력으로 발전시킨 창업가였다.

(4) 클러스터 4: 처음부터 창업을 의도한 커리어

'처음부터 창업을 의도한 커리어'의 창업가는 '커리어 형성 초기 단계부터 창업가가 되기 위하여 커리어의 각 단계에서 전략적으로 필요한 자본을 준비한' 창업가이다.

이 유형의 여성 창업가의 '연령'은 '24세에서 45세'의 비율(66.7%)이 높았다. 연령의 평균값은 40세이며, 4개의 클러스터 중에서 가장 젊은 세대이다. 그리고 '교육수준'을 살펴보면 4개의 클러스터 중에서 대학 이상을 졸업한 비율(44.4%)이 가장 낮았다.

'처음부터 창업을 의도한 커리어'에서는 다른 클러스터와 비교하여

'부모가 이혼한' 비율(28.6%)이 높았고, 경제적으로 힘든 상황을 경험하였을 가능성이 있었다. 그러나 이 유형에서는 '학교 영역'에서 '자원을 획득한' 비율(55.6%)이 높았다.

이 클러스터의 '첫 직장 시기(평균값 1995년)'는 '1986년부터 2007년' 비율(88.9%)이 높았다. 즉, 이 유형은 1985년의 '남녀고용기회균등법 시행' 이후 첫 직장에 들어간 경향이 보였다. 일본에서는 균등법 성립을 계기로 대기업을 중심으로 '코스별 인사제도'가 도입되었다. 주로 기간업무를 '종합직', 정형적이고 보조적인 업무를 '일반직'으로 하는 코스가 설정되어, 여성에게도 재능을 살리고 남성과 평등하게 승진 및 승격할 수 있는 종합직의 길이 열렸다. 이처럼 균등법 시행 이후에 첫 직장에 들어간 '처음부터 창업을 의도한 커리어'의 여성 창업가는 다른 클러스터와 비교하여, 여성이 기업 내에서 일하기 좋은 환경이 정비된 후에 취업한 사람의 비율이 높았다. 또한 '창업 전 취업 기간(평균값 7.1년)'은 '제너럴리스트'와 마찬가지로 '0년부터 7년'의 비율(55.6%)이 높았다. 즉, '처음부터 창업을 의도한 커리어'는 단기간 취업한 뒤 창업하는 경향이 있었다.

또한, '창업 시 연령'의 평균값은 28.7세로 다른 클러스터와 비교하여, 가장 젊은 연령에서 창업하였다. '창업 동기'는 '처음부터 독립을 생각하고 있었다.'라는 비율이 높았다.

정리하면, '처음부터 창업을 의도한 커리어'는 가장 젊은 세대였다. '부모가 이혼한' 경향이 보이고, 유소년기, 청년기에 경제적으로 고통받은 경험이 있으며, 이로 인하여 이른 시기부터 창업가를 목표로 하는 계기가 된 경우였다. 다른 클러스터와 비교하여, 대학 졸업 비율이 낮은 점도 경제적 이유 때문으로 생각된다.

그러나 이 유형은 학교 영역에서 자원을 획득하여, 창업을 위하여 착

실하게 준비한 과정이 관찰된다. 더불어 제6장에서 설명한 바와 같이 이 유형의 창업가에게는 'NPO법 제정'이라는 창업가에 있어서는 매우 유리한 환경이 시대 효과로 존재하였다. '처음부터 창업을 의도한 커리어'의 여성 창업가는 이 기회를 놓치지 않고 짧은 취업 기간을 통하여 전략적으로 창업하였다고 볼 수 있다.

제4절 각 클러스터의 여성 창업가 사례

이 절에서는 각 클러스터의 프로필에 대하여 분석하고, 각 클러스터의 특성을 밝히고자 한다. 그리고 각 클러스터에 속하는 여성 창업가의 자세한 사례를 기술할 것이다.

(1) 클러스터 1: 스페셜리스트

우선, 클러스터 1(스페셜리스트)은 41명의 여성 창업가로 구성된 유형이다. 이 조사에서는 가장 많은 수를 차지하는 클러스터이므로, '스페셜리스트'에 속하는 여성 창업가에게는 몇 가지 하위분류가 존재할 가능성이 있다. 예를 들면, '스페셜리스트'에 속하는 여성 창업가는 '기업 내 숙련(13명)', '기업 간 이동숙련(13명)', '어느 쪽에도 속하지 않음(15명)'이라고 하는 3개의 하위유형을 상정할 수 있다. 이 연구에서는 3개의 하위유형의 특성에 관하여 분석하지는 않을 것이다. 여기에서는 스페셜리스트의 하위유형을 시사하는 것으로 '기업 내 숙련'과 '기업 간 이동숙련'의 두 가지 하위유형에 주목하고 그 사례를 소개하고자 한다.

【'기업 내 숙련' 스페셜리스트】

이 유형의 창업가는 '특정 기업의 취업경험을 중심으로 창업에 필요한 자본을 획득하고, 특정 영역에 특화된 핵심적 능력을 축적한' 창업가라 할 수 있다.

사례 1) 【A 씨, 50대, 요식업계·숙박업계 프로듀스 회사 창업】

A 씨는 어린 시절부터 부모로부터 '사회에 환원하라'라는 말을 자주 들으며 자랐다. 대학을 졸업한 뒤, 잡지회사에 취업하여 편집부에 배속된 뒤, 요리 관련 편집 작업을 기초부터 배웠다. 그리고 일하면서 푸드 관련 스타일리스트로 특화하고 싶다는 생각을 하여, 10년 정도 편집, 기획과 광고를 거쳐, 창업의 기초가 되는 것들을 몸에 익혔다. 이후, 요식업계와 숙박업계의 프로듀스업을 경영하는 회사를 창업하였다.

사례 2) 【B 씨, 40대, 글로벌 상품을 제공하는 회사 창업】

B 씨는 대학을 졸업하고 매스미디어 업계 회사에 취직하였다. 그녀는 이 회사에서 10년 정도 근무하였다. 회사가 조인트벤처를 설립하게 되어, B 씨는 프로덕트 매니저로 발탁되어, 스타트업을 경험할 기회를 얻었다. 이 스타트업 경험과 매스미디어 업계에서 익힌 스킬을 활용하여, 미디어를 통한 글로벌 상품을 취급하는 회사를 설립하였다.

사례 3) 【C 씨, 50대 리서치와 마케팅 회사 창업】

C 씨는 맨 처음 입사한 회사에서 조사부문에 배속되어, 시장조사의 기초를 몸에 익혔다. 이후, 여러 회사를 거치면서 리서치와 마케팅 스킬을 갈고닦을 수 있는 회사로 전직하여 경험을 쌓았다. 그리고 리서치와

마케팅에 특화된 회사를 설립하였다.

사례 1에서는 특정 기업에서 10년간 편집, 기획, 광고에 대한 숙련을 쌓고, 요리 관련 사업의 창업에 필요한 인적자본을 축적하였다. 사례 2에서는 매스미디어 업계에서 10년간, 새로운 프로젝트의 스타트업 경험이 창업을 가능하게 하였다. 또한, 사례 3은 같은 업계에서 리서치와 마케팅에 특화된 인적자본을 축적하고 창업한 사례에 속했다.

사례 4) 【D 씨, 40대, 홍보컨설팅회사】

D 씨의 모친은 자영업으로 양장 재봉업을 운영하였다. 모친은 활동적인 사람으로 친구도 많았고, 일 관계의 네트워크도 점점 넓어졌다. D 씨는 매일 바빴지만 즐겁게 일하는 모친의 모습을 보면서 자랐다. D 씨가 대학 시절에는 체르노빌 원자력 발전소 폭발사고의 영향으로 환경문제에 관심이 커진 때였다. 그녀는 학교에서 열린 어떤 회사의 강연회에서 '일본과 사회를 좋게 만든다.'라는 회사의 NGO 활동에 매력을 느끼고, 이 식품회사에 입사하였다. 처음에는 사장 비서로 일한 뒤 홍보담당으로써 몇 년간 근무하였다. 이후 사장님이 이사로 근무하는 환경 관련 재단에서 홍보담당으로도 일하였다.

20대 중반에 결혼하여 사장님으로부터 '스스로의 힘으로 살아가는 것도 중요'하다는 말을 듣고, 회사를 사직한 뒤 개인사업자로 홍보 일을 하고 싶다고 생각하였다. 그러나 조직으로서 신용을 얻기 위해서는 회사를 설립하는 것이 좋다는 주변의 말을 듣고, 30대에 환경과 푸드에 특화된 홍보회사를 설립하였다. 그리고 몇 년 뒤 이혼을 하고, 일 관계로 알게 된 창업동업자와 만나서 업무를 통합하고 주식회사를 설립하였다.

사례 4에서는 첫 직장에서 홍보담당으로 경험을 쌓고, 회사의 사장님으로부터 창업을 권유받아(후원자형), 조직으로서 신용을 얻기 위하여 창업동업자와 함께 주식회사를 만들었다.

【'기업 간 이동숙련' 스페셜리스트】

이 유형의 창업가는 '복수의 기업 간을 이동하면서 창업에 필요한 자본을 획득하고, 특정 영역에 특화된 핵심적 능력을 축적한' 창업가이다.

사례 5) 【E 씨, 80대, 미용상품 판매회사 창업】

E 씨는 결혼하여 전업주부가 되었으나, 자립하고 싶다는 생각을 하고 미용업계회사에 입사하였다. 이 회사에서 제안한 간부교육기획이 인정을 받았고, 이후 몇 군데의 외자계 회사와 미국회사에 전직하여, 교육책임자로서 능력을 발휘하였다. 그리고 그녀는 해외의 미용상품을 일본에 판매하는 회사를 설립하였다.

사례 5에서는 미용상품의 개발과 판매에 특화된 핵심적 능력을 미국과 일본 기업에서의 경험을 통하여 축적하였다.

사례 6) 【F 씨, 40대, 콜센터 회사 창업】

F 씨는 대학을 졸업한 뒤, 콜센터 회사에 입사하였다. 이 회사에서 콜센터의 핵심 스킬을 몸에 익혔다. 이후 텔레마케팅 회사에 근무하면서, 업계의 업무 내용과 사원교육에 대하여 학습하였다. 그녀는 업계 일은 스트레스가 많고, 이직률도 높다는 점을 통감하고, 어떻게든 여성이 활약

할 수 있는 직장을 만들고 싶다고 생각하였다. 결과적으로 콜센터 업무를 중심으로 하는 회사를 창업하였다.

사례 7) 【G 씨, 50대, 인사컨설팅회사 창업】

G 씨는 두 곳의 IT 업계 회사에서 십수 년간 인사와 영업일을 하였다. 특히, 두 번째 회사는 일하는 여성을 전면적으로 지원하는 회사였다. 그곳에서 오랜 기간에 걸쳐 인사업무를 담당하면서 여성에게는 전직을 통한 스텝업이 어려운 점을 통감하였다. G 씨는 인사컨설팅을 하는 회사로 독립하였다.

사례 6에서는 우선 콜센터 업무 능력을 획득하고, 다음 회사에서 사원교육을 배우고, 마지막으로 콜센터 업무에 관한 사원훈련을 하는 회사를 창업하였다. 사례 7도 마찬가지로 IT 업계에서의 전직을 통하여 여성의 취업을 지원하는 인사컨설팅회사를 창업하였다.

사례 8) 【H 씨, 50대, 영상 기획·제작 회사】

H 씨는 어린 시절 조모로부터 다른 사람을 대하는 태도와 말투에 대해 엄격한 교육을 받았다. 중학교 시절에는 육상부 활동을 통하여 '체력'을 키웠다. 그리고 대학 시절 출판사에서의 아르바이트가 계기가 되어, 졸업 후에는 카피라이터 일을 하게 되었다. 그 후 영상회사로 전직하여, 세일즈 프로모션 기획 담당으로 일하였다. 당시에는 VHS(역주 : 비디오테이프)가 갓 나온 시절이었기 때문에 H 씨는 다양한 광고 일을 하면서 자연스럽게 '영상의 세계'로 빠져들 수 있었다. 이후 프리랜서로 수년간 일하다가 거래처 회사로부터 유한회사로 바꾸어 달라는 요청을 받아, 30대에 기획·제작 회사를 창업하였다.

대기업의 기획사업 의뢰를 받았을 때, H 씨는 지금의 동업자와 만났다. H 씨는 기획 스킬을 가지고 있었고, 동업자는 프로듀스 스킬과 풍부한 인맥을 가진 사람이었으므로 서로 협력하여 개성 있고 독특한 제작을 할 수 있게 되었다.

사례 8은 광고 사업으로부터 영상의 세계로 들어가, 기획제작의 핵심적 능력을 갈고닦아 제작기술과 사회관계자본을 보유한 창업동업자와 합심하여 독창적인 사업을 전개하게 된 사례에 속한다.

(2) 클러스터 2: 처음부터 창업을 의도하지 않은 커리어

이 유형의 창업가는 '처음부터 계획된 커리어 패스를 형성하는 것이 아닌, 우연한 일로 이후의 커리어가 창업에 영향을 받은' 창업가이다.

사례 9)【I 씨, 40대, 화장품회사 창업】

I 씨의 부친은 건축업 회사를 경영하였고, 모친은 그 회사의 회계 전반을 담당하였다. I 씨는 에어로빅 강사에 매료되어 고등학교 시절부터 에어로빅을 시작하였다. 전문대학을 졸업한 뒤, 에어로빅의 프로를 목표로 노력하였지만, 허리를 다치는 바람에 단념하였다. 그래서 새롭게 스텝 운동(step exercise)을 배우기 위하여 미국으로 유학하였다. 스텝 운동을 배워서 귀국하였지만, 일이 없어 안내접수일을 맡게 되었다. 그곳에서 비서직에 매력을 느껴, 입사 4년째에 사장 비서가 되었다. 이후, 두 번의 전직으로 통산 3명의 사장 비서로서의 경험을 쌓으면서 경영 노하우를 배웠다.

두 번째로 전직한 회사에서는 사장님이 어깨 결림으로 고생하고 있어,

I 씨는 평소 알고 지내던 미용 전문가를 사장님에게 소개하였다. 그 뒤, 사장님이 I 씨에게 직접 미용 관련 회사를 창업하는 것이 어떻겠냐는 어드바이스를 받았다. 사장님의 조언 덕분에 미용 관련 상품개발 사업으로 창업하였다.

사례 9에서는 커리어 형성의 롤 모델이 에어로빅 강사 다음으로 비서였다. 3명의 사장 비서로서의 경험을 통해 경영에 대하여 배우고 '사장님의 어깨 결림'이라는 우연한 요인이 에어로빅 강사라는 애초의 목표에서 미용 관련 상품의 개발이라고 하는 전혀 관련 없는 사업의 창업으로 이어졌다.

사례 10) 【J 씨, 40대, 맞선 비즈니스 창업】

J 씨는 대학을 졸업한 뒤, 첫 직장에 들어가서 시스템 엔지니어로 5년간 근무하였다. 주말에는 부업으로 웨딩 관련 이벤트 사회 일을 하였다. 첫 직장을 퇴직하고 평일에는 파견으로 컴퓨터 학원 강사를 시작하였다. 이를 통하여 알게 된 주부들과 함께 재택으로 컴퓨터를 사용하는 일감을 받아서 개인사업을 시작하였다. 사업은 순조롭게 전개되어 10년 만에 주식회사가 되었고, 다른 기업에 매각하였다.

그 뒤로도 계속하고 있던 웨딩 관련이나 이벤트 사회 일을 본업으로 바꾸어 사람과 사람을 잇는 맞선 비즈니스를 창업하였다. 그리고 J 씨는 결혼하여 시어머니와 동거하면서 재택근무를 시작하였다. 출산 후, 육아는 양가 부모들에게 도움을 받았다. 몇 년 뒤 이혼하였다.

사례 10은 처음부터 계획된 커리어 패스가 설정된 것이 아니라, 첫 직장에서 시스템 엔지니어, 부업으로 웨딩 관련이나 이벤트 사회, 파견으로 컴퓨터 학원의 강사, 파견으로 알게 된 전업주부들과 컴퓨터를 사용하는 일을 중개하는 비즈니스의 창업, 그리고 웨딩 관련 부업을 발전시켜 맞선 비즈니스를 창업한 사례이다. 의도하지는 않았지만, 그때까지의 다른 직업 경험을 활용하여 변화하는 시대의 요구에 맞춰 창업내용을 스마트하게 변화시킨 사례에 해당한다.

그리고 창업 후에는 결혼하여 시어머니와 동거하면서 출산, 육아 지원은 양가 부모로부터 제공받았다. 취업형태는 재택근무로 계속할 수 있었던 사례이다.

(3) 클러스터 3: 제너럴리스트

이 유형의 창업가는 '서로 다른 영역 간(업종 간, 지역 간, 문화 간)을 연결하거나, 가교역할을 하여 특정의 핵심적 능력을 획득하고 축적한' 창업가이다.

사례 11)【K 씨, 60대, 패션디자인 관련 회사 창업】

K 씨의 조부는 오랜 기간 미국에 체류하면서 비즈니스로 성공한 사람이었다. 그녀는 정치인이었던 부친에 의해 남자아이처럼 자라났다. 집안은 언제나 북미 유럽적인 분위기가 풍겼으며, 어린 시절부터 스스로 그림을 그리는 것을 좋아하였다.

K 씨가 해외여행에서 산 선물을 친구들이 가지고 싶어 했기 때문에 그녀는 무역회사를 창업하였다. 여기에 패션 관련 상품의 디자이너 일도 시작하였다. 좋은 물건을 만들고 싶었기 때문에 원료에 관해서도 공부하였다. 그녀는 원료를 매입하기 위하여 해외의 원료 제조사를 혼자서 방

문하여 직접 원료 제공을 의뢰하기도 했다. 이 제조사와 알게 된 덕분에 그 원료를 사용하여 패션디자인 비즈니스를 전개할 수 있었다. 즉, 해외의 원료 제조사라는 다른 영역과 연결이 되어, 이를 디자인이라고 하는 핵심적 능력을 조합시킨 비즈니스를 전개한 것이다. 20대에 출산, 그리고 이혼하였다. 사업은 확대되어 일본뿐만 아니라, 미국, 캐나다에도 진출하고 있다.

사례 11에서는 해외의 원료 제조사라고 하는 다른 영역을 초월하여 여기에 디자인이라고 하는 핵심적 능력을 조합한 비즈니스를 전개한 것이다. 이 사례는 창업 활동에서 '혁신'이 발생한 사례이며, '창업가의 경제적 성공의 결정적인 요인은 이전에는 분리되어 있던 교환 영역을 연결하는 능력(다른 채널/영역을 잇는 능력)이다'라고 설명한 바스(Barth, 1978)의 이론, 또는 버트(Burt, 1992)의 '구조적 공백' 이론을 지지하는 것이다.

(4) 클러스터 4: 처음부터 창업을 의도한 커리어

이 유형의 창업가는 '커리어 형성 초기 단계부터 창업가가 되기 위하여 커리어의 각 단계에서 전략적으로 필요한 자본을 준비한' 창업가이다.

사례 12) 【L 씨, 40대, 인재 비즈니스업】

L 씨는 고등학교 시절에 골프부에서 리더역할을 맡았다. 혼자서 전체를 이끄는 유형의 리더였기 때문에 장래에는 '경영자가 되고 싶다'라고 생각하였다. 대학에서는 재정학 연구회에 참가하였고, 졸업 후에는 금융업계에서 일하였다. 금융위기를 경험하고 인재 비즈니스를 창업하였다.

사례 12에서는 고등학교 시절에 서클에서 리더십을 발휘한 경험을 바탕으로 창업가를 목표로 하게 되었고, 이를 위하여 전략적인 커리어를 펼쳐나갔다.

사례 13) 【M 씨, 30대, 컨설턴트업 회사】

M 씨는 전문학교를 졸업한 뒤, 여성 사장이 경영하는 어뮤즈먼트 관계 회사에 입사하였다. '여성이라도 사장을 할 수 있다'라는 생각을 하였다. 그리고 자신도 장래에 사장이 되고 싶다는 생각을 하게 되었다. 그 뒤 상장된 인재소개 관련 회사로 전직하여, 그 회사가 상장하는 프로세스를 학습하였다. 그녀는 항상 주변 사람들에게 '나는 가장 어린 사장이 될 거야'라고 말했고, 주말에는 사장들의 모임에 참가하여 자신을 어필하였다. M 씨는 20대 중반에 창업하기로 생각하고 있었기 때문에 회사를 떠나 인재소개와 컨설턴트 회사를 창업하였다. 창업자금은 가족으로부터 지원을 받았다.

사례 13은 첫 회사에서 여성 사장에게 영향을 받아 적극적으로 사장들의 모임에 참가하고, 창업가가 되는 데 필요한 인적자본과 경제자본을 확보하여, 20대 중반에 창업한 사례이다.

제5절 요약

이 장에서는 여성 창업가의 직업 커리어 패턴 유형학에 대하여 분석하였다. 먼저, 69명의 여성 창업가의 사례에서 반복적으로 관측되는 '직업 커리어 패턴을 구성하는 7개의 차원'을 도출하고, 클러스터 분석을 하였다. 그 결과, '스페셜리스트', '처음부터 창업을 의도하지 않은 커리어', '제너럴리스트', '처음부터 창업을 의도한 커리어'라는 4개의 여성 창업 가 클러스터로 분류하였다. 그리고 '여성 창업가의 기본적 속성(연령과 교육수준)', '가족 영역 요인', '학교 영역 요인', '직업 영역 요인(직업이 동패턴)', '창업 동기', '사회적 사명'과 '여성 창업가의 4개의 클러스터' 와의 관계를 분석하고, 각 클러스터의 프로필(특성)을 기술하였다.

우선, '스페셜리스트'는 '특정 영역에 특화된 핵심적 능력을 획득하고 축적한 창업가'이다. 4개의 클러스터 중에서 가장 '연장자 세대(평균연령 55세)'이며, 다른 클러스터와 비교하여 창업 전 취업 기간이 길다는 특징 이 있다. 한마디로 '직업 커리어를 장기간 지속하여, 많은 자원을 축적한 창업가'이다. '창업 동기'에 대해서는 누군가에게 창업을 권유받았거나, 거래처 회사로부터 요청을 받아 법인화한 '후원자형'과 '전 직장에서는 하지 못했던 일을 하고 싶다'라는 비율이 높았다.

'처음부터 창업을 의도하지 않은 커리어'의 창업가는 '처음부터 계획 된 커리어 패스를 형성하는 것이 아닌, 우연한 일로 이후의 커리어가 영 향을 받은 창업가'이다. 스페셜리스트에 이어 연령이 높은 (평균연령 50 세) 창업가이며, '학교 영역'에서 '자원을 획득하지 않은' 비율이 높은 특 징이 있다. 그리고 스페셜리스트와 마찬가지로 오랜 취업 기간을 경험한 경향을 보였다. 또한, 제6장에서 설명한 바와 같이 1998년의 'NPO법 제 정 이후'에 창업한 비율이 높고, '창업 동기'는 '사회적 사명'을 위해서거 나, 일을 계속하기에는 '창업 이외의 선택지가 없음'을 이유로 창업한 경 향을 보였다.

'제너럴리스트'란, '서로 다른 영역 간(업종 간, 지역 간, 문화 간)을 연결하고 중개하면서 특정한 핵심능력을 획득하고 축적한 창업가'이다. 처음부터 창업을 의도하지 않은 커리어와 동일한 세대(평균연령 49세)이며, 같은 시기에 첫 직장에 들어갔다. 그러나 제너럴리스트의 창업 전 취업 기간은 짧은 경향을 보였다. 그런데도 제너럴리스트는 서로 다른 영역 간 가교역할을 수행하며, 복수의 비즈니스를 조합하여 특정한 핵심적 능력으로 발전시킨 창업가이다. '창업 동기'에는 '창업 이외의 선택지가 없음'과 '사회적 사명'의 비율이 높았다.

'처음부터 창업을 의도한 커리어'의 창업가는 '커리어 형성 초기 단계부터 창업가가 되기 위하여 커리어의 각 단계에서 전략적으로 필요한 자본을 준비한 창업가'이다. '처음부터 창업을 의도한 커리어'는 가장 젊은 세대(평균연령 40세)이다. 교육수준은 4개의 클러스터 중에서 대학을 졸업한 비율이 가장 낮았다. 그러나 '학교 영역'에서 '자원을 획득한' 비율이 높았다.

가정 영역에서는 '부모가 이혼한' 경향을 보이며, 유소년기와 청년기에 경제적으로 궁핍한 경험으로 조기에 창업가가 되려고 했던 경우도 있다. 다른 클러스터와 비교하여, 대학을 졸업한 비율이 낮은 것도 경제적 이유에 의한 것으로 보인다.

또한, 1985년 '남녀고용기회균등법 시행' 뒤 첫 직장에 들어간 경향을 보이며, 여성으로서 기업 내에서 일하기 쉬운 환경이 갖춰진 뒤에 취업한 사람의 비율이 높았다. 게다가 제6장에서 설명한 바와 같이 1998년 'NPO법 제정 이후' 창업한 경향을 보였으며, 창업가에게 유리한 환경이 시대적 배경으로 존재했던 시기에 창업한 특징이 있다. 마지막으로 앞의 4개의 클러스터에 속하는 여성 창업가의 여러 사례를 제시하였다.

제6장 ——————— 여성 창업가의
라이프 코스 패턴과
4개 클러스터

제1절 여성 창업가의 시대적 배경과 창업 수

제1장에서 설명한 바와 같이 여성 창업가의 창업 활동을 둘러싼 일본의 경제·사회·법 환경은 시대와 함께 변화하였다. 본 절에서는 여성 창업가가 어떠한 '시대적 배경'에서 창업 활동을 수행했는지에 대하여 분석하고자 한다.

다음 <그림 11>은 이 조사의 여성 창업가 69명의 '창업 연도(1966년~2011년)'와 창업 수를 나타낸 것이다. 1966년부터 1998년까지는 창업 수가 1개사에서 2개사로 변동이 별로 없었으나, 1998년에는 4개사로 증가하였다. 1998년은 'NPO법 시행'으로 NPO법인으로 창업하는 여성 창업가 수가 증가했을 것으로 생각된다. 예를 들면, NPO법인의 대표자는 영리 목적의 기업과 비교하여 시니어층이나 여성이 많았으며, 활동을 시작한 동기도 '사회에 도움이 되는 일을 하고 싶었기 때문'이라거나 '사회나 지역과 관계를 맺고 싶었기 때문이라는 등 일반적인 영리 목적의 기업과는 다르다(藤井(후지이), 2012: 55)'는 특징을 가진다. 이처럼 NPO법인은 '새로운 창업가의 요람(藤井(후지이), 2012: 55)'으로 그 존재가 주목을 받았다.

2000년이 되자 창업 수가 10개사까지 급격히 증가하였다. 그 배경에는 2000년의 IT 혁명이 있었고, 컴퓨터와 네트워크를 활용해 사업을 전개하는 여성 창업가가 증가한 것이 그 이유로 생각된다.

또한, 2006년 회사법 시행으로 '최저자본금제도'가 철폐됨에 따라, 창업하기 좋은 환경이 갖추어져 다시 창업 수가 증가하는 경향을 보였다. 그러나 2008년 글로벌 금융위기(리먼 쇼크)를 시작으로 2011년 동일본 대지진을 겪으면서 창업 수는 감소하였으며, 창업 및 회사경영에 있어 아주 힘든 시대에 접어들었다.

이와 같이 창업 활동에 대한 라이프 코스 요인(시대적 배경)은 창업 붐 등의 사회 풍조가 개인적 행위로 간주되는 창업 활동에도 간접적으로 영향을 미친 것으로 생각된다.

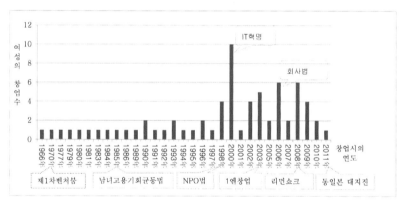

<그림 11> 본 연구의 여성 창업가의 시대적 배경과 창업 수

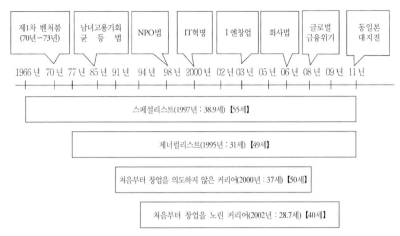

<그림 12> 여성 창업가의 시대적 배경과 클러스터[13]

각 클러스터의 창업 연도, 여성 창업가의 창업 시 연령에 대하여 기술하면 다음과 같다. 위의 <그림 12>에 제시한 바와 같이 4개의 클러스터의 창업 연도 평균값(조사 시 연령의 평균값)을 살펴보면, 제너럴리스트가 1995년(49세), 스페셜리스트가 1997년(55세), 처음부터 창업을 의도하지 않은 커리어가 2000년(50세), 처음부터 창업을 의도한 커리어가 2002년(40세)이었다.

다음으로 각 클러스터의 여성 창업가의 창업 연도 분포(최솟값~최댓값)를 살펴보면 다음과 같다. '스페셜리스트'의 창업 연도는 '1966년~2011년'에 걸쳐 분포하고 있다. '제너럴리스트'는 '1977년~2011년', '처음부터 창업을 의도하지 않은 커리어'는 '1991년~2008년', 그리고 '처음부터 창업을 의도한 커리어'는 '1994년~2009년' 사이에 창업한 것으로 나타났다.

---

13) (창업 시기의 평균값: 창업 시의 평균연령)【조사 시의 평균연령】

정리하면, 스페셜리스트는 평균연령이 55세이며, 연장자 세대의 여성 창업가였다. 스페셜리스트는 1966년부터 2011년 사이에 분포하며, 가장 오랜 기간에 걸쳐 창업한 특징을 가지고 있다. 또한, 스페셜리스트의 창업 연도 평균값은 1997년이며, 1998년의 NPO법 시행에서부터 2006년 회사법 시행까지 창업하기 쉬운 환경이 아직 갖추어지기 전에 창업한 사람의 비율이 높았다. 또한, 창업 시 평균연령은 38.9세로 4개의 클러스터 중에서는 가장 연장자에 속했다.

제너럴리스트는 1977년부터 2011년 사이에 분포하며 최초 창업 연도는 스페셜리스트보다 11년이 늦었다. 또한, 창업 연도의 평균값은 1995년이며, 스페셜리스트와 마찬가지로 창업하기 좋은 환경으로 바뀌기 전에 창업한 비율이 높았다. 창업 시의 평균연령은 31세로 4개의 클러스터 중에서 두 번째로 젊다는 특징을 가지고 있다.

처음부터 창업을 의도하지 않은 커리어는 1991년부터 2008년 사이에 분포한다. 창업 연도 평균값은 IT 혁명이 일어난 2000년이다. 창업 시 평균연령은 스페셜리스트에 이은 37세이다.

처음부터 창업을 의도한 커리어는 평균연령이 40세이며, 가장 젊은 세대의 여성 창업가였다. 마찬가지로 창업 시 평균연령은 28.7세이며, 창업연령도 가장 어렸다. 이 클러스터의 여성 창업가는 1994년부터 2009년 사이에 분포하며, 창업 연도 평균값은 2002년이고, NPO법과 IT 혁명, 1엔 창업, 그리고 회사법 시행 등 창업하기 좋은 환경 속에서 창업한 경우가 많았다.

이처럼 본 조사의 여성 창업가들은 서로 다른 유형의 창업가와 다른 세대를 형성하고, 그들이 처한 시대적 배경과 상호 작용하면서 창업한 것으로 밝혀졌다.

제2절 여성 창업가 가족의 궤적

여성 창업가는 어떠한 라이프 코스를 경험했을까? 이에 여성 창업가 가족의 궤적(결혼, 출산, 이혼, 재혼, 사별 등 가족 라이프 이벤트 경험의 유무와 패턴)에 대하여 분석하였다.

(1) 가족 라이프 이벤트 경험 내용(7개의 유형)

우선, 여성 창업가 가족의 궤적을 살펴보면, 25가지 유형으로 구성되어 있다. 25가지 유형의 가족의 궤적을 '가족 라이프 이벤트 경험내용'별로 분류한 것이 '가족 라이프 이벤트 경험내용(<표 15>)'이다. 여성 창업가가 경험하는 가족 라이프 이벤트 내용은 <표 15>에 제시한 바와 같이 7개의 유형으로 분류할 수 있다. 그 유형은 ①독신, ②결혼, ③결혼—출산, ④결혼—이혼, ⑤결혼—출산—이혼, ⑥결혼—출산—사별, ⑦결혼—출산—이혼—재혼이다. 그리고 여성 창업가 중 비율이 가장 높은 유형은 '독신(18명)'과 '결혼—출산(18명)'이다. 독신 유형은 결혼, 출산, 이혼, 재혼, 사별 등의 가족 라이프 이벤트를 경험하지 않고, 창업하는 여성이다. 또한, '결혼—출산' 유형은 결혼과 출산을 경험한 창업가이다.

<표 15> 가족 라이프 이벤트 경험 내용(7개 유형)

---

1. 독신(18명)
   졸업——첫 직장——창업(18명)

2. 결혼(10명)
   졸업——첫 직장——결혼——창업(8명)
   졸업——결혼——첫 직장——창업(2명)

---

3. 결혼―출산(18명)

    졸업――첫 직장――결혼――출산――창업(10명)

    졸업――첫 직장――결혼――출산――취업――창업(2명)

    졸업――첫 직장――창업――결혼――출산(2명)

    졸업――첫 직장――결혼――창업――출산(3명)

    졸업――결혼――출산――첫 직장――창업(1명)

4. 결혼―이혼(7명)

    졸업――첫 직장――결혼――이혼――취업――창업(2명)

    졸업――첫 직장――결혼――이혼――창업(1명)

    졸업――결혼――이혼――첫 직장――창업(1명)

    졸업――첫 직장――창업――결혼――이혼(1명)

    졸업――첫 직장――결혼――창업――이혼(2명)

5. 결혼―출산―이혼(8명)

    졸업――첫 직장――결혼――출산――이혼――창업(2명)

    졸업――결혼――출산――첫 직장――이혼――취업――창업(1명)

    졸업――첫 직장――결혼――출산――이혼――취업――창업(4명)

    졸업――첫 직장――창업――결혼――출산――이혼(1명)

6. 결혼―출산―사별(2명)

    졸업――첫 직장――결혼――출산――사별――창업(1명)

    졸업――첫 직장――창업――결혼――출산――사별(1명)

7. 결혼―출산―이혼―재혼(6명)

    졸업――결혼――이혼―재혼―출산――첫 직장――창업(1명)

    졸업――첫 직장――결혼――취업――이혼――재혼――출산――창업(1명)

    졸업――첫 직장――결혼――출산――창업――이혼――재혼(1명)

    졸업――창업――결혼――출산――이혼――재혼(1명)

    졸업――첫 직장――결혼――취업――이혼――창업――재혼――출산(1명)

    졸업――첫 직장――결혼――출산――취업――이혼――재혼――창업(1명)

(2) 가족 라이프 이벤트 경험 횟수

가족 라이프 이벤트 경험 횟수는 여성 창업가가 경험한 '가족 라이프 이벤트(결혼, 출산, 이혼, 사별, 재혼)'을 경험한 횟수에 따라 수치화하고, 다음과 같은 5개의 유형으로 분류하였다.

먼저, 가족 라이프 이벤트 경험이 없는 '독신' 유형을 0(없음)으로 하고, 가족 라이프 이벤트 경험 횟수가 하나씩 들어갈 때마다 하나씩 가산하여 수치화하였다. 즉, '독신' (0:없음), '결혼' (1), '결혼─출산', '결혼─이혼' (2), '결혼─출산─이혼', '결혼─출산─사별' (3), '결혼─출산─이혼─재혼' (4)의 0~4로 수치화하였다.

여성 창업가 중에는 두 가지 가족 라이프 이벤트를 경험하거나 '결혼─출산' 또는 '결혼─이혼' (2)이 25명으로 가장 많았다. 그다음으로는 가족 라이프 이벤트 경험 없이 창업하는 '독신' (0:없음)이 18명을 차지하였다. 또한, '결혼' (1)만을 경험하거나, 결혼을 포함한 세 가지 가족 라이프 이벤트를 경험한 '결혼─출산─이혼', '결혼─출산─사별' (3)이 10명, '결혼─출산─이혼─재혼' (4)이 6명이 되었다.

(3) 가족 라이프 이벤트 시기(4개 유형)

더불어, 다음 <표 16>에 제시한 바와 같이 앞의 25가지 유형의 가족의 궤적을 '이벤트 시기'에 따라 분류하였다. 즉, 25가지 가족의 궤적을 '창업을 기준으로 가족 라이프 이벤트(결혼, 출산, 이혼, 재혼, 사별)를 어느 시기에 경험하였는지'에 따라 분류하면, 4개의 유형으로 유형화할 수 있다.

먼저, '가족 라이프 이벤트를 경험하지 않은' 유형은 학교를 졸업한 후, 첫 직장에 들어가자마자 바로 창업하는 창업가이며, 18명의 여성 창업가가 이 유형에 해당하였다.

<표 16> 가족 라이프 이벤트 시기(4개 유형)

1. 가족 라이프 이벤트를 경험하지 않음(18명)

  졸업─첫 직장─창업

2. 창업 후에 가족 라이프 이벤트를 경험(6명)

  졸업─첫 직장─창업─결혼─출산
  졸업─첫 직장─창업─결혼─출산─이혼
  졸업─첫 직장─창업─결혼─출산─사별
  졸업─첫 직장─창업─결혼─이혼
  졸업─창업─결혼─출산─이혼─재혼

3. 창업 전후에 가족 라이프 이벤트를 경험(7명)

  졸업─첫 직장─결혼─창업─출산
  졸업─첫 직장─결혼─창업─이혼
  졸업─첫 직장─결혼─출산─창업─이혼─재혼
  졸업─첫 직장─결혼─취업─이혼─창업─재혼─출산

4. 가족 라이프 이벤트를 경험한 뒤에 창업(38명)

  졸업─첫 직장─결혼─창업
  졸업─첫 직장─결혼─출산─창업
  졸업─첫 직장─결혼─출산─취업─창업
  졸업─첫 직장─결혼─출산─취업─이혼─재혼─창업
  졸업─첫 직장─결혼─출산─이혼─창업
  졸업─첫 직장─결혼─출산─이혼─취업─창업
  졸업─첫 직장─결혼─출산─사별─창업
  졸업─첫 직장─결혼─취업─이혼─재혼─출산─창업
  졸업─첫 직장─결혼─이혼─창업
  졸업─첫 직장─결혼─이혼─취업─창업
  졸업─결혼─첫 직장─창업
  졸업─결혼─출산─첫 직장─창업
  졸업─결혼─출산─첫 직장─이혼─취업─창업
  졸업─결혼─이혼─첫 직장─창업
  졸업─결혼─이혼─재혼─출산─첫 직장─창업

다음으로 '창업 후 가족 라이프 이벤트를 경험'하는 창업가는 6명이었다. 이 유형은 '학교 졸업—첫 직장'을 경험한 뒤, 일단 '창업'하고 그 뒤에 가족 라이프 이벤트를 경험하는 창업가이다. 소수이기는 하지만, '학교를 졸업'한 뒤 이내 '창업'하고, 가족 라이프 이벤트를 경험하는 경우도 있다.

또한, '창업 전후에 가족 라이프 이벤트를 경험'하는 유형에는 창업한 시기가 가족 라이프 이벤트 중간에 위치하는 패턴으로 이 유형에 해당하는 여성 창업가는 7명이었다. 마지막으로 '가족 라이프 이벤트 뒤에 창업'하는 유형은 우선, 가족 라이프 이벤트를 경험하고, 최종단계에 '창업'하는 패턴이다. 이 유형에는 38명의 여성 창업가가 속하며, 가장 많은 유형에 속했다.

(4) 전환점

여성 창업가가 창업하기까지 경험하는 '전환점(Turning point)'은 유소년기에서 성인기까지의 시기에 다양한 영역에서 발생한다. 이 조사에서는 창업하기까지 인생의 '전환점'을 69명의 여성 창업가 중 45명이 경험하였다. 이 조사에서 여성 창업가가 경험한 '전환점 내용'을 유소년기에서 성인기까지 시기와 영역별로 정리한 것이 다음 <표 17>이다.

먼저, '가정 영역'에서 경험한 전환점 내용은 '유소년기·청년기'에 '정위 가족'에게서 영향받은 전환점을 들 수 있다. 예를 들어, 유소년기·청년기에 '부친의 회사가 도산', '부모의 이혼', 그리고 '부친과의 사별'이 인생의 전환점이 된 경우도 많이 발견되었다.

다음으로 '성인기'에 경험하는 전환점은 '가정 영역', '직업 영역', '체험 영역'에서 경험하게 된다. 먼저, '가정 영역'에서는 '생식 가족 라이프 이벤트 경험'이 전환점이 된다. 예를 들면, 본인의 '결혼과 출산', '이혼', '남편과의 사별', '남편의 전근', 그리고 '부모로부터 자립'이 전환점의 사례에 속한다.

또한, '직업 영역'에서 경험하는 전환점은 창업동업자와의 만남 등 '사람과의 만남'과 '이직'이나 '사업 전환', 그리고 '새로운 직업과의 만남' 등 직업과 관련된 경험이 전환점이 된다.

마지막으로 '성인기'의 '개인의 체험 영역'에서 경험하는 전환점이 있다. 예를 들면, '해외 유학'이나 '종교적 체험'이 전환점이 된 사례가 있다. 해외 유학 경험이 창업에 영감을 주었다거나 미국에서 일어난 동시다발 테러 사건을 계기로 미국에서의 커리어를 단념하고 귀국하여 일본에서 창업하거나, 교통사고를 경험하고 인생관이 변화하여 그것이 창업내용에 영향을 준 사례가 있다.

제3절 가족 라이프 이벤트와 클러스터

그렇다면, 앞의 여성 창업가 가족의 궤적은 제5장에서 분석한 4개의 창업가 클러스터와 어떤 상관관계를 가지고 있는 것일까? 본 절에서는 이와 같은 관계를 알아보기 위하여 가족의 궤적(가족 라이프 이벤트 경험내용, 가족 라이프 이벤트 경험 횟수, 가족 라이프 이벤트 시기)과 클러스터와의 관계에 대하여 분석하였다. 분석결과는 <표 18> 가족 라이프 이벤트와 클러스터가 나타낸 바와 같다.

(1) 가족 라이프 이벤트 경험내용과 클러스터

【스페셜리스트】

가족 라이프 이벤트 경험내용별 클러스터에 대하여 분석하면, '스페셜리스트'의 경우 '결혼—출산' 경험자와 '결혼—출산—이혼—재혼' 경험자 비율이 높다는 것을 알 수 있었다.

사례 14) 【N 씨, 50대, 장애인을 지원하는 컴퓨터 교실의 NPO 법인 창업】

N 씨는 대학 시절에 부친의 도산으로 가난한 생활을 경험하였다. 졸업 후, 대기업에 근무한 뒤, 몇 년 동안 파견사원으로 일하였다. 결혼을 하여 두 아이를 출산하고, 전업주부로 7년이라는 시간을 보냈다. 자녀가 초등학교에 들어가고 시간상으로 여유가 생겨, 다시 파견직 일로 복귀하였다. 그리고 40대 중반에 컴퓨터 교실을 개업하였다.

사례 14는 7년간 전업주부를 경험하고, 아이들이 학교 다닐 나이가 되어 파견사원으로 복귀한 뒤에 창업한 사례에 해당한다.

사례 15) 【O 씨, 40대, 일하는 엄마를 지원하는 출판회사 창업】

O 씨는 대학을 도중에 그만두고 파견직 아르바이트를 하였다. 이후, 결혼을 하고 전업주부가 되었다. 남편의 전근이 많았기 때문에 등록되어 있던 파견회사의 소개로 파견직 업무에 복귀하였다. 파견사원으로 다양한 출판, 광고 관련 회사에서 일하면서, 편집이나 기획, 제작 등에 관한 노하우를 배웠다. 일을 계속하고 싶다는 생각을 하고 이혼을 결심하였다. 창업 전 마지막까지 함께 일했던 동료와 함께 창업하였고, 그 동업자와

재혼하였다. 2년 뒤에 출산을 계기로 일과 육아의 양립을 지원하는 정보 사이트를 만들었다. 사원 전원이 육아 중인 여성이었기 때문에 육아는 서로 도와주었다.

사례 5) 【E 씨, 80대, 미용 회사 창업】
(5장 131페이지 사례 5와 동일한 사례)

E 씨는 대학을 졸업한 뒤, 모델과 배우로 활약하였다. 그 뒤 결혼을 하고 출산하여 3년간 전업주부로 생활하였다. 경제적으로 자립하고 싶다는 생각을 하고 미용 회사에 재취업하였다. 그 후 이혼하여 다른 회사로 전직하였다. 그리고 재혼을 하고 미용 관련 회사를 창업하였다.

<표 17> 전환점 내용(유소년기에서 성인기까지의 각 영역에서의 전환점)

	가정 영역		직업 영역	체험 영역 (해외체험, 종교적 체험)
	방위 가족 라이프 이벤트 영향			
유년기 청년기	도산	부친의 회사가 도산하여 가난한 생활을 경험		유소년기의 해외 경험
		대학생 시절에 부친 회사가 도산, 가족끼리 뭉쳐야 한다고 생각		
	이혼	부모의 이혼, 남성에게 의존하지 않는 삶을 살고 싶음		
		부모의 이혼으로 가난한 생활을 경험, 모두에게 도움이 되는 일을 하고 싶음		
	부친의 병과 사별	부친이 쓰러짐		
		부친의 타계		

	가정 영역		직업 영역		체험 영역 (해외체험, 종교적 체험)	
					해외체험	종교적 체험
성인기	생식 가족 라이프 이벤트 영향		사람과의 만남	창업동업자 두 명과 운명적인 만남	해외체험	종교적 체험
	이혼	이혼, 남편으로부터 전업주부가 되라는 말을 들음		파리에서 예술과의 만남	파리에서 예술과의 만남	창업할 장소를 방문하였을 때 신비한 체험을 함
		이혼으로 경제적 자립이 필요		기공 선생님과의 만남		자연공원을 방문하였을 때, '자연의 세계에서는 죽음과 삶이 이어져 있다. 인간은 대자연의 일부분'이라는 사실을 깨달음
		이혼, 인생이 바뀜		전 직장 사장님과의 만남		18세에 죽는다는 말을 들었지만 죽지 않았다. 세상을 위하여 살아야겠다고 생각함
	남편과의 사별	남편과의 사별		재건 팀과의 만남이 창업으로 연결	미국 체류 중에 동시다발 테러 발생	
				공동경영자인 대학교 친구와 만남, 창업으로 이어지는 우연한 일이 일어남		교통사고로 입원했을 때, 이렇게 살아야 하는가 생각함, 이는 '삶을 바꾸라'라는 신의 계시라고 생각함
				지도교수와의 만남		
				해외 원료 제조사와의 만남		
	결혼과 출산	남편에게 전문분야를 더 열심히 하라는 조언을 들음	직업 관련	두 번째 직장을 그만두었을 때, 인생을 다시 시작하고 싶다고 생각함		
		결혼		혼자서 아이를 키운다는 이유로 면접에서 탈락		
		결혼, 인생이 상승세를 탐		직업 내용이 지금까지와 크게 다른 새로운 영역을 개척		
		남편과의 만남, 창업을 도움받음		새로운 상품과 만남		
		지적장애아를 출산하여 NPO 법인을 창업		전 직장에서 하고 싶지 않은 사업을 시작하여, 퇴직하고 창업		

	가정 영역		직업 영역	체험 영역 (해외체험, 종교적 체험)
성인기	부모에게서 독립	부모에게서 독립	어패럴 사업을 시작	
			지병 악화로 전 직장을 그만두고 창업	
	남편의 전근	홋카이도로 남편이 전근	지방에서 상경하여 25살에 도쿄에서 취업	
			미국의 관련 조직에서 근무	
			금융위기 때 은행 업무를 그만두고 창업	

<표 18> 가족 라이프 이벤트와 클러스터[14]

	클러스터				Cramer V
	스페셜리스트	처음부터 창업을 의도하지 않은 커리어	제너럴리스트	처음부터 창업을 노린 커리어	
가족 라이프 이벤트 경험 내용	「결혼─출산」, 「결혼─출산─이혼─재혼」 경험자 비율이 높음	「결혼─출산」, 「결혼─출산─이혼」 경험자 비율이 높음	「독신」 또는 「결혼─출산─이혼─재혼」 경험자 비율이 높음	「독신」, 「결혼」 경험자 비율이 높음	.376**
가족 라이프 이벤트 경험 횟수(평균값)	2~4를 경험한 비율이 높음(1.7)	2~4를 경험한 비율이 높음(2)	(1.6)	0~1을 경험한 비율이 높음(0.8)	.341**
가족 라이프 이벤트 시기	「가족 이벤트 경험 후에 창업하는」 비율이 높음	「가족 이벤트 경험 뒤에 창업」하는 비율이 높음	「가족 라이프 이벤트 없음」 비율이 높음	「가족 라이프 이벤트 없음」 또는 「가족 이벤트 경험 뒤에 창업」한 비율이 높음	.236
전환점	가정 요인/ 종교적 체험 부모로부터 자립 본인의 결혼과 이혼 남편과의 사별	가정 요인/ 직업 요인 본인의 이혼과 출산 남편의 전근 사업 전환	직업 요인 사람과의 만남 사업 전환 새로운 직업과의 만남	가정 요인/ 직업 요인 부친 회사의 도산, 부모의 이혼 사람과의 만남	.339**

사례 15에서는 창업 후에 출산하고, 육아 중인 여성 사원과 공동으로 육아까지 하였다. 한편, 사례 5는 출산 후에 자녀가 3살이 되기까지 전업주부로서 육아를 담당한 뒤, 미용업계에 재취업하여 창업한 사례이다. 사례 5처럼, 창업 전에 출산하는 경우에는 창업하기 전에 육아 기간이 어느 정도 종료되었거나, 육아를 지원해줄 곳이 결정되어 있다. 사례 15와 같이, 창업 후에 출산하게 되면, 육아를 도와주길 바라는 생각이 커질 것이다.

【처음부터 창업을 의도하지 않은 커리어】

처음부터 창업을 의도하지 않은 커리어에는 '결혼―출산' 경험자와 '결혼―출산―이혼' 경험자 비율이 높았다.

사례 16) 【P 씨, 30대, 일하는 여성을 지원하는 NPO법인 창업】

P 씨는 미국에 유학하여 회계학을 전공하였다. 대학을 졸업한 뒤에는 제조업 회사에 근무하였다가 전직을 하여, 해외투자 일을 하였다. 이후, 결혼하고 회사를 퇴직하였다. 기혼여성이 일본에서 취직하기 어렵다고 느껴 창업을 결심하였다. 특히 육아를 하면서 일하고 싶어 하는 여성을 지원하는 일을 하고 싶다고 생각하였다. 대학생 시절부터 주식 운용을 한 덕분에 자기자본으로 창업할 수 있었다. 창업한 뒤에 출산하였다.

사례 17) 【Q 씨, 60대, 장애인의 취업을 지원하는 회사를 창업】

Q 씨는 대학을 졸업하고 아나운서를 목표로 하고 있었다. 아나운서

---

14) ( ) 내의 숫자는 평균값을 나타냄. 「0.25 미만」 = 거의 관련 없음, *「0.25~0.3 미만」 = 약한 관련, **「0.3~0.5 미만」 = 중간 정도의 관련, ***「0.5 이상」 = 강한 관련.

양성학원의 지인이자 이벤트 도우미 파견회사를 창업한 사람에게 권유를 받아, 수십 년간 이 업계에서 일하였다. 이후, 결혼하고 출산하였고, 이혼을 경험하였다. 다음 일을 찾을 때까지 아르바이트로 이벤트 도우미 일에 복귀하였다. 그리고 이벤트 도우미 파견회사의 사장으로 십 년간 근무하고 퇴직하였다. 구직활동을 하였지만, 연령 제한 등으로 잘 진행되지 않았다. 그 뒤, 창업세미나에서 알게 된 부부의 자금지원 덕분에 창업하였다.

사례 16은 결혼 후, 기혼여성으로서 취직하는 것이 곤란하다고 느껴, 육아하면서 일하고 싶은 여성을 지원하는 사회적 사명이 목적인 회사를 창업한 사례이다. 사례 17에서는 전 직장을 퇴직하고 새로운 일을 찾았지만, 연령 제한 등으로 일이 잘 풀리지 않아 창업한 경우이다. 두 사람의 사례는 일을 지속하기 위해서는 '창업 이외의 선택지가 없음'이 창업 동기에 해당한다.

【제너럴리스트】

제너럴리스트 중에는 '독신' 또는 '결혼―출산―이혼―재혼' 경험자 비율이 높다는 특징이 있다. 즉, 가족 라이프 이벤트 경험이 없는 '독신' 또는 가족 라이프 이벤트 경험 횟수가 많은 창업가로 구분된다.

사례 18) 【R 씨, 30대, 식자재 택배 서비스 및 기획을 취급하는 회사 창업】

R 씨는 대학 시절에 어학유학을 시작으로 세계 각국을 여행하였다. 대학을 졸업한 뒤, 서비스 관련 회사의 영업직으로 일하였다. 20대 중반

이 되어 장래에도 회사원으로 일을 계속하는 것에 대하여 의문을 가지기 시작하였다. 그녀 주변에는 자영업을 하는 부모와 친구들이 있었다. R 씨는 항상 일하는 모친의 라이프 스타일을 보며 자랐고, 창업하고 일과 육아를 양립할 수 있는 라이프 스타일을 목표로 하고 싶었다. 식품위생 문제가 사회적 이슈가 되었던 시절에 어떤 레스토랑에서 '소비자와 생산자'를 잇는 이벤트가 있었다. 이를 계기로 신선한 식자재를 생산자에게서 소비자에게 직접 판매하는 회사를 창업하였다. 회사는 전 직장동료와 서로의 친구를 합쳐 4명이 설립하였다.

사례 18에서는 자영업을 하는 부모, 특히 항상 일하는 모친을 롤 모델로 하고, 20대 중반에 창업하였다. 이는 유학이나 해외여행을 통하여 서로 다른 영역 간을 잇는 일의 소중함을 인식하고, 안전하고 안심할 수 있는 먹거리를 확보하기 위하여, 농가와 소비자를 중개(연결)하는 비즈니스를 창업한 사례이다.

사례 19) 【S 씨, 50대, 고객 서포트와 교육을 지원하는 회사 창업】

S 씨는 대학 시절에 학외 활동으로 기획사무소에서 활약하였다. 이곳에서 인정을 받아, 학생 시절에 친구들과 개인사무소를 설립하고, 과학기술에 관련된 사업을 하였다. 사업내용은 기술과 고객의 가교역할을 하는 고객 서포트였다. 대학 시절에 사귀었던 남편과 결혼, 출산을 하고 몇 년 뒤 이혼하고, 재혼하였다.

사례 19는 대학 재학 중에 창업한 사례이다. 대학 시절에 창업에 필요한 경험을 쌓고, 일단, 창업한 뒤에 가족 라이프 이벤트로 이어지는 커리어 패턴이다.

【처음부터 창업을 노린 커리어】

'처음부터 창업을 의도한 커리어'의 경우, '독신'과 '결혼' 경험자 비율이 높고, 다른 클러스터와 비교하여 창업하기까지 경험하는 가족 라이프 이벤트 횟수가 적었다.

사례 20) 【T 씨, 30대, 여성의 패션과 미용 관련 사업 회사 창업】

T 씨는 대학 시절에 여성 사장을 만날 기회가 많았고, 무언가를 만들거나, 새로운 것을 창조하는 것을 '멋있다'라고 생각하여 여성 사장들을 동경하였다. 졸업 후, 여성 패션 관련 회사에 입사하였다. 그러나 그 회사에는 종합직 여성 수가 적고, 롤 모델이 될 만한 상사가 없었다. 30대에 창업하고 싶다는 막연한 생각을 하고 회사를 퇴직하였다. 그 후, 여행지에서 우연하게도 훌륭한 미용상품을 만나게 되었다. 대학 시절 친구가 창업동업자가 되어, T 씨는 여성 패션과 미용 관련 회사를 설립하였다.

사례 20은 학교를 졸업하고, 첫 직장을 그만둔 뒤에 바로 창업한 사례이다. 여성 사장에 대한 동경을 대학 시절에 품고, 30대가 되어서 대학 시절 친구와 함께 창업하였다.

사례 21) 【U 씨, 40대, 조직에서 일하는 사람의 인권을 지키는 연수를 하는 회사 창업】

U 씨는 대학을 졸업하고, 학교의 교직원으로 오랜 기간 일하였다. 학생의 취업이나 커리어를 지원하는 일을 하면서, 여성 경영자를 초대하여

이벤트를 개최하였다. 이후, 전직을 하고 결혼하였다. 예전부터 그녀는 '언젠가 독립해서 전문성을 발휘하고 싶다'라는 생각을 하고 있었지만, 직장 내 괴롭힘(Power harassment)을 경험하고 퇴직하였다. 이후, U 씨는 조직에서 일하는 사람의 인권을 지키기 위한 연수를 시행하는 회사를 창업하였다. 그녀의 창업에는 가사를 전면적으로 지원해주는 남편과 모친의 협력이 큰 도움이 되었다.

사례 21은 학교를 졸업한 뒤에 첫 직장, 전직, 결혼, 이직, 그리고 창업을 한 사례이다. '언젠가 독립해서 전문성을 발휘하고 싶다'라고 생각하고, 직장 내 괴롭힘을 체험한 것으로 인하여, 조직에서 일하는 사람의 인권을 지킨다는 사회적 사명이 생겨나 이를 위하여 회사를 창업하였다. 창업에는 남편과 모친의 협력이 컸다.

(2) 가족 라이프 이벤트 경험 횟수와 클러스터

가족 라이프 이벤트 경험 횟수별로 클러스터를 분석한 결과, 다음과 같은 경향이 나타났다.

먼저, '스페셜리스트'와 '처음부터 창업을 의도하지 않은 커리어'의 경우에는 '2회에서 4회'의 가족 라이프 이벤트(결혼, 출산, 이혼, 재혼, 사별)를 경험한 비율이 높았다. 한편, '처음부터 창업을 의도한 커리어'의 여성 창업가는 '0회에서 1회'의 가족 라이프 이벤트를 경험한 비율이 높았다. 또한, '제너럴리스트'에서는 경험하는 가족 라이프 이벤트 횟수에 큰 차이를 발견하지 못했다.

또한, 가족 라이프 이벤트 경험 횟수의 평균값을 보면, '처음부터 창업을 의도하지 않은 커리어'의 평균값은 2회로 가장 많았고, 그다음이

'제너럴리스트' 1.6회, '스페셜리스트' 1.7회, '처음부터 창업을 의도한 커리어'가 0.8회의 순이었다.

(3) 가족 라이프 이벤트 시기와 클러스터

가족 라이프 이벤트 시기 별로 클러스터를 분석한 결과, 크래머의 V에 나타난 바와 같이 관련된 정도는 약하지만, '스페셜리스트'와 '처음부터 창업을 의도하지 않은 커리어'는 '가족 라이프 이벤트 경험 후에 창업하는' 경향을 보였다. 반대로 '제너럴리스트'는 '가족 라이프 이벤트 없음(독신 타입)'의 경향을 보였다. 또한, '처음부터 창업을 의도한 커리어'인 경우에는 '가족 라이프 이벤트 없음(독신 타입)' 또는 '가족 라이프 이벤트 경험 후에 창업하는' 두 가지 유형으로 구분되었다.

【스페셜리스트】: 가족 라이프 이벤트 경험 후 창업

사례 22) 【V 씨, 40대, 인터넷 관련 회사 창업】

V 씨는 영어 전문학교에 입학하여, 그 학교에 취직하고 영어를 가르쳤다. 결혼하고 전업주부로서 반년을 보낸 뒤, 광고대행사에 입사하여 18년간 통역업무를 하였다. 그 후 이혼하고 몇 년 뒤에 재혼하여 출산하였다. 자녀가 세 살이 될 때까지 자녀를 데리고 회사에 다니면서 일을 계속하였으나, 전환배치로 좋아하던 일을 할 수 없게 되어 이직하였다. 그 후, 두 명의 공동경영자와 인터넷 관련 회사를 창업하였다.

사례 22는 첫 직장, 결혼, 취업, 이혼, 재혼, 출산, 그리고 창업한 사례이다. 영어 번역, 통역을 창업의 핵심능력으로 하고, 자녀가 세 살이 되기까지 자녀를 데리고 회사에 다니며 취업을 이어나갔다. 창업의 계기는 '전 직장에서 전환배치로 좋아하던 일을 할 수 없게 되었기 때문'이었다.

【처음부터 창업을 의도하지 않은 커리어】: 가족 라이프 이벤트 경험 후 창업

사례 23) 【W 씨, 50대, 원격 오피스를 실천하기 위한 회사를 창업】

W 씨는 대학생 시절에 처음으로 컴퓨터를 접하였다. 컴퓨터 잡지 편집부에서 아르바이트 경험을 쌓고, 졸업 후에는 컴퓨터 업계에서 일을 시작하였다. 결혼과 출산을 거쳐 퇴직하고, 남편의 전근으로 인해, 자주 이사하는 생활 속에서 프리랜서 작가로 독립하여, 인터넷을 사용한 재택근무를 시작하였다. 재택근무에서 속고 속이는 사건이 자주 발생한다는 걸 알고, 이 업계에서 '타인에게 도움을 주고 싶다'라고 생각하였다. 그리고 원격 오피스를 실천하는 회사를 설립하였다.

사례 23은 컴퓨터 업계였던 첫 직장에 들어가, 결혼, 출산, 퇴직을 경험 후, 재택근무를 하며 제대로 된 원격 오피스를 실천하는 회사를 창업하였다. 이는 사회적 사명에 의해 창업한 사례이다.

【제너럴리스트】:「가족 라이프 이벤트 없음」

사례 24) 【X 씨, 50대, 미용과 건강 관련 회사 창업】

X 씨는 유소년기부터 남학생이 없는 여자일관제학교(女子一貫校)를 다녔다. 그러나 결혼하고 전업주부로서 살아가는 것에 의문을 가졌다. 대학을 졸업하고, 식품, 화장품, 네트워크 비즈니스 회사에서 경험을 쌓았

다. 그리고 미용업계로 전직을 통하여 영업력과 인맥을 축적하고 경영에 관한 지식을 학습하였다. 창업 전 마지막 직장은 40세에 퇴직하였다. 재취업은 어려울 것으로 생각하고, 부친의 별세를 계기로 창업을 결심하였다. 그 후 여러 조력자와 만났고, 미용과 건강 관련 회사를 설립하였다.

사례 24는 처음부터 창업가를 목표로 한 것이 아니라, 다른 업계로 전직, 특히 미용업계에서 화장품 비즈니스(영업, 유통, 상품개발, 인맥, 판촉)의 노하우를 배우고, 이를 조합하여 창업하였다. 창업 동기는 '40대에 재취업은 어렵다'라고 생각했기 때문이다.

【처음부터 창업을 의도한 커리어】: 「가족 라이프 이벤트 없음」 또는 「가족 라이프 이벤트 경험 후 창업」

사례 25) 【Y 씨, 40대, 인터넷 리서치 회사를 창업】

Y 씨의 부친은 자영업을 하였고, 종종 동료 사장들과의 골프모임에 그녀를 데리고 갔다. 어른들 대화 속에 회사 이야기가 재미있었다. 열 살 때부터 자신도 창업가가 되고 싶다고 생각하였다.

그녀는 대학에서는 경영학을 배우고, 장래 창업가가 될 때 도움이 될 것이라는 생각으로 일단 어패럴 회사에 입사하였다. 이 회사에서 8년 동안 점포실습, 경영기획, 인사기획, 합병을 경험하고, 새로운 사업 형태를 만들어 내는 방법을 학습하였다. 회사의 지원 덕분에 창업가 세미나에 참가하여 그곳에서 멘토와 만나고, 창업의 즐거움을 배웠다. 이를 계기로, 다른 업계에서 자신의 능력을 시험해 보고 싶다는 생각을 하고, 30살에 외자계 컨설팅회사로 전직하였다. 이후, 그 회사의 동료 세 명과 함께 인터넷 리서치 회사를 창업하였다. 그리고 결혼하여, 가사 지원은 남편이

하고 있다.

사례 26) 【Z 씨, 50대, 클리닝 관련 회사 창업】

Z 씨의 부모는 그녀가 유소년기에 이혼하였다. 그 시절부터 그녀는 가족의 행복이란 무엇인가에 대하여 고민하게 되었다. 그리고 그녀에게는 '집'이 '가족의 행복을 상징'한다는 것을 알았다. 일을 하게 되고, 직업인으로도 훌륭했던 조모로부터 '남의 위에 서라'라는 말을 들었다.

Z 씨는 20세에 결혼하고 출산하였다. 그녀는 고객과 안건을 이어주는 일이 좋았고, 20대부터 부동산 업계에서 창업하고 싶다는 생각을 하여, 부동산 업계에 취직하였다. 몇 년 뒤에는 이혼하였다. 30대 초반에 같은 업종의 여성 사장을 알게 되었고, 개인사업자로서 독립하여 클리닝 서비스를 하는 회사를 창업하였다. 그리고 몇 년 뒤에는 법인화하였다.

사례 25는 영업을 하였던 부친의 영향으로 유소년기부터 창업가를 목표로 하고 창업가 세미나에 참가하여 다른 업계에서 경험을 쌓고, 창업 동업자와 함께 리서치 회사를 설립한 사례이다.

사례 26에서는 부모의 이혼으로 인하여 가족의 행복에 대하여 고민하게 되었고, 그것이 주거에 관련된 창업을 목표로 하는 계기가 되었다. 창업가는 20세에 결혼하고 출산, 20대부터 부동산 업계에서의 창업을 목표로 그 업계에 취직하여, 이후 이혼, 전직을 한 뒤 부동산 관련 회사를 창업하였다.

(4) 전환점과 클러스터

이 조사의 여성 창업가 중에는 창업하기까지 인생의 전환점을 경험한 사람이 69명 중 45명이었다. 내역을 보면, 스페셜리스트가 25명, 처음부터 창업을 의도하지 않은 커리어가 9명, 처음부터 창업을 의도한 커리어가 6명, 제너럴리스트가 5명이었다.

여성 창업가가 경험하는 전환점은 유소년기부터 성인기까지 경험하는 가족의 궤적(가족 라이프 이벤트)의 가정 요인과 취업한 뒤의 직업 커리어에서의 체험, 즉, 직장 요인과 관련이 있는 것을 알게 되었다. 클러스터별 전환점은 다음과 같았다.

【스페셜리스트】

스페셜리스트 여성 창업가는 '가정 요인'에 기인한 '전환점'을 경험한 비율이 높았다. 예를 들면, 부모로부터 자립, 남편과의 사별, 종교적 체험을 경험한 것이 인생의 전환점이 된 사례가 발견되었다.

사례 3) 【C 씨, 50대 리서치와 마케팅 회사 창업】「부모로부터 자립」(5장 129페이지의 사례 3과 동일한 사례)

C 씨는 유소년기에 엄격한 부모 아래에서 여자답고 공부 잘하는 사람이 되길 기대받으며 자랐다. 그녀는 그러한 부모의 교육을 있는 그대로 받아들일 수가 없었다. 대학교 3학년 때 그녀는 집에서 나와 혼자 자취 생활을 시작하였다. 처음에는 힘들었지만, 친구의 도움과 다양한 아르바이트를 하면서 '자신이 생각한 대로 살아갈 수 있게 되었다.' 대학을 졸업한 뒤, 몇몇 회사에서 직업 경험을 쌓고, 리서치 기술을 익혀 창업하였다.

사례 27) 【A′ 씨, 40대, 컨설팅회사 창업】 '남편과의 사별'

A′ 씨는 대학을 졸업하고 취직하여 20대 중반에 결혼하였다. 그 후 출산하였고, 자녀가 아직 어릴 때 남편이 갑자기 사망하였다. 처음에는 남편의 죽음을 받아들이지 못했으나, 기분전환으로 해외에 거주하던 친척을 방문하였을 때, 플라워 관련 공부를 시작하였다. 귀국해서 그 스킬을 살려 플라워 교실을 열었다. 그리고 모친의 권유로 컨설턴트업 공부를 시작하였고, 컨설팅 관련 회사를 설립하였다.

사례 3에서는 부모로부터 자립을 계기로 부모의 기대에서 해방되어 자신만의 직업 커리어를 형성하는 것에 성공한 사례이다. 사례 27은 남편과의 사별이 전환점이 되어 친족의 지원을 받아 스페셜리스트로서 커리어를 전개한 사례이다.

사례 28) 【B′ 씨, 40대, 감사의 마음을 전하는 상품을 취급하는 회사 창업】 '종교적 체험'

B′ 씨는 잡지업계에서 일하며, 미국 거래처에서 대자연의 위대함과 인생의 의미에 대하여 눈을 뜨는 체험을 하였다. 또한, 전직한 회사에서 일본의 명소를 취재할 당시, 그 장소에서 '감사하는 것', '남을 생각하는 것'의 소중함에 대한 메시지를 얻었다. 그때 대자연으로부터 얻은 메시지가 계기가 되어 감사의 마음을 전하는 상품을 취급하는 회사를 설립하였다.

사례 28은 종교적 체험을 통해 창업목적이 형성된 사례이다. 전자는 대자연 속에서 중요한 메시지를 얻었고, 이는 '감사의 마음'을 전하는 상품을 취급하는 사업이 되었다.

사례 29) 【C' 씨, 50대, 영적 카운슬링을 하는 회사 창업】
'종교적 체험'

C' 씨는 어린 시절 자신이 다른 사람에게는 없는 능력이 있다는 것을 깨달았다. 일본의 대학을 졸업하고 미국의 대학에 유학하여, 타문화 매니지먼트를 배웠다. 일본에 돌아와서는 타문화 인재를 육성하는 컨설팅회사를 설립하였다. 그 후 사람들의 정신적인 고민에 대하여 영적인 카운슬링(spiritual counseling)을 하는 회사도 창업하였다.

사례 29는 본인이 태어날 때부터 가지고 있었던 영적인 능력을 타문화 소통 및 컨설팅에 활용하고 정신적으로 고통받는 사람들을 치유하는 사업을 창업하였다.

【처음부터 창업을 의도하지 않은 커리어】

처음부터 창업을 의도하지 않은 커리어의 여성 창업가도 스페셜리스트와 마찬가지로 '가정 요인'에 기인한 '전환점'을 경험한 비율이 높았다.

사례 30) 【D' 씨, 40대, 번역회사를 창업】 '사업 전환'

D' 씨는 대학 졸업 후, 의료 업계에서 일하였는데, 일이 바빠서 가정과 일의 양립이 어렵다고 생각하여 이직을 결심하였다. 그 후 컴퓨터 관련 회사를 거쳐, 친구의 권유로 번역회사로 전직하였다. 그곳에서 번역업에 전념하여 3년간 준비 끝에 번역회사를 설립하였다. 창업한 뒤로는 전 직장의 고객이 소개해 준 IT 커뮤니티에 소속되어 지원을 받았다. 그리고 비즈니스 공부 모임에서 만난 지금의 남편과 결혼하고 출산하였다. 육아는 모친의 지원 및 직장에 자녀를 데리고 가는 것으로 해결되었다.

사례 30은 의료 업계에서 컴퓨터 업계로 사업 전환을 하여, 번역업을 접하게 되고, 이를 핵심능력으로 축적하여 창업한 사례이다. 또한, 창업 후 결혼하고 출산하여, 육아 지원은 모친에게 제공받고, 직장에 자녀를 데리고 갈 수 있게 된 덕분에 일을 계속할 수 있게 되었다.

사례 31) 【E' 씨, 50대, 40대에 재취업하려는 여성을 지원하는 회사 창업】 '이혼으로 인생이 바뀌었다.'

E' 씨는 대학을 졸업하고, 첫 직장에 들어가서 결혼을 계기로 퇴직하였다. 반년 뒤, 업무에 복귀하여 일과 육아를 양립시켰다. 몇 년 뒤, 이혼하면서 인생이 바뀌었다. 여자 혼자서 자녀를 기르기 위해서는 경제적으로 자립할 필요가 있었기 때문에 재취업을 하려 했으나 쉽지 않았다. 그 일이 계기가 되어 자신처럼 40대에 재취업하려는 여성을 지원하는 회사를 창업하였다.

사례 31은 이혼을 계기로 경제적 자립을 위하여 재취업을 하려고 하였으나 잘되지 않았던 경험을 바탕으로 본인과 같은 처지의 40대에 재취업하려는 여성을 지원하는 회사를 창업하였다. 이 사례도 일을 계속하기 위해서 '창업 이외의 선택지가 없다'라는 점이 창업 동기로 작용하고 있음을 나타내고 있다.

【제너럴리스트】

제너럴리스트 여성 창업가는 '직업 요인'에 기반한 '전환점'을 경험한 사람의 비율이 높았다.

사례 32) 【F' 씨, 30대, 여성의 재취업을 지원하는 회사 창업】 '사업 전환'

F' 씨는 도쿄의 단과대학을 졸업하고 고향의 헬로워크(주: 일본 후생 노동성이 운영하는 취업 지원 및 고용촉진 기관)에서 반년 정도 임시직 으로 근무한 뒤, 지역 정보 잡지에서 기획, 거래, 기사, 판촉 일을 하였다. 20대 중반에 도쿄로 돌아와서 광고대행사에 전직하였다. 영업과 사람을 접하는 것을 좋아했던 그녀는 육아하는 여성을 지원하는 무료 잡지를 기 획하고, 리더십을 발휘하여 처음부터 새로운 것을 만드는 프로세스를 경 험하였다. 이 기획에 참여했던 것이 계기가 되어 '여성의 재취업을 지원 하는 일을 하고 싶다'라고 생각하게 되었고, 육아 중인 여성과 구인을 하 는 회사를 매칭시켜 주는 회사를 창업하고 법인화하였다.

사례 32에서는 도쿄로 와서 광고대행사로 전직하고 '육아 중인 여성 을 지원하는 프로젝트'라고 하는 사회적 사명의 중요성을 깨달아 그것이 창업으로 이어졌다. 특히 그때까지의 영업, 기획, 편집이라고 하는 경험 (자본)을 노동시장에서 매칭(육아를 하면서 구직 중인 여성과 구인 중인 기업의 중개)시켜 비즈니스와 조합한 사례이다.

【처음부터 창업을 의도한 커리어】

처음부터 창업을 의도한 커리어의 경우, '직업 요인'에 기인한 '전환 점'을 경험한 사람의 비율이 높았다. 예를 들면, 직업 영역에서 사람과의 만남, 새로운 직업과의 만남 등이 '전환점'이 되었다.

사례 33) 【G' 씨, 40대, 컨설팅 및 생활 지원 서비스회사】
'고등학교 진학 실패'

G' 씨의 조부는 기술계통에서 일하는 사람으로 공장을 경영하고 있었다. 조부는 특수한 제품을 개발하여 특허를 취득하였고, 해외로부터 주문도 많았다. 이러한 조부의 영향을 받아 그녀는 어릴 때부터 기술자가 되고 싶었다. 초등학교, 중학교에서는 수리계열을 잘 하였다.

그러나 G' 씨는 고등학교 진학에 실패하여 그것이 트라우마가 되어, 인생을 시뮬레이션해보았다. '시험만 치는 인생은 재미없다.', '나만의 가치관으로 사람들을 즐겁게 하고 싶다'라고 생각했고, 그런 생각을 계기로 창업가를 목표로 하여, 전문학교에 입학하여 경영의 기본과 장사하는 법을 배웠다.

전문학교를 졸업하고 일단 업계용 애플리케이션 설계와 개발을 하는 회사에 취직하였다. 그녀는 이 회사에서 고객 쪽과 만드는 쪽 모두에게 있어 행복한 물건을 만들고 싶다는 생각을 하였다. 그 후 전직하여 컨설팅 업계에서 업무개선, 출판업계에서 기획과 제작 스킬을 몸에 익혔다. G' 씨는 편집 일을 통하여 소비자와 여성의 시점에서 세상을 위한 일을 하고 싶다고 생각하여, 컨설턴트 업무와 라이프 스타일에 관한 서비스업을 하는 유한회사를 창업하였고, 3년 뒤 법인화하였다.

사례 33에서는 조부가 '창업가'의 롤 모델이었고, 고등학교 진학 실패가 계기가 되어 '나만의 가치관으로 사람들을 즐겁게 하고 싶다'라고 생각하여 창업가를 목표로 하게 되었다.

제4절 요약

제6장에서는 여성 창업가의 라이프 코스 요인과 4개의 클러스터의 관계에 대하여 분석하였다. 우선, 창업 수와 시대적 배경(NPO법, IT 혁명, 1엔 창업, 회사법, 글로벌 금융위기(리먼 쇼크), 동일본대지진)과 관련하여 창업 활동에 시대적 배경이 간접적으로 영향을 미치는 점이 관찰되었다. 또한, 각 클러스터의 '창업 연도'와 '여성 창업가의 창업 시 연령'의 평균값을 산출하여, 각 클러스터의 세대 범위를 추정하였다. 이를 통해 각 클러스터의 '창업 활동'이 어떠한 시대적 배경 아래에서 이루어졌고, 어떠한 특징이 있는지에 대하여 기술하였다.

다음으로 여성 창업가의 '가족의 궤적(결혼, 출산, 이혼, 재혼, 사별 등 가족 라이프 이벤트와 타이밍, 전환점 등)'에 대하여 분석한 결과를 정리하였다.

먼저, 25가지 유형으로 구성되는 여성 창업가 가족의 궤적에서 4개 클러스터의 여성 창업가가 경험하는 '가족 라이프 이벤트 경험내용'별로 분류하였다. 가족 라이프 이벤트 경험내용은 '독신', '결혼', '결혼─출산', '결혼─이혼', '결혼─출산─이혼', '결혼─출산─사별', '결혼─출산─이혼─재혼'의 7개의 유형으로 분류되었다. 다음으로 여성 창업가가 경험하는 '가족 라이프 이벤트 경험 횟수'에 따라 분석하여 5개의 유형으로 분류하였다. 분석결과를 보면, 두 가지 가족 라이프 이벤트(결혼─출산, 결혼─이혼)를 경험한 여성 창업가(25명)가 가장 많았고, 이어서 가족 라이프 이벤트 경험이 없이 창업한 '독신'(18명) 비율이 높았다.

또한, 여성 창업가의 25가지 유형의 가족의 궤적을 '가족 라이프 이벤트 시기'에 따라 분류하였다. '창업을 기준으로 가족 라이프 이벤트(결혼, 출산, 이혼, 재혼, 사별)를 어느 시기에 경험하였는지'에 따라 분류하고,

다음 4개의 유형으로 유형화하였다. 우선, '가족 라이프 이벤트 뒤에 창업'하는 유형(38명), 이어서 '가족 라이프 이벤트를 경험하지 않은' 유형(18명), '창업 전후에 가족 라이프 이벤트를 경험'한 유형(7명), '창업 후에 가족 라이프 이벤트를 경험'한 유형(6명)으로 분류되었다.

또한, 여성 창업가가 라이프 코스의 다양한 영역에서 경험하는 '전환점'에 대하여 분석하였다. '유소년기·청년기'에 '가정 영역'에서 경험한 전환점 내용은 '부친 회사의 도산', '부모의 이혼', '부친의 병과 사별' 등 '가족'에게 영향받은 전환점이 많았다. 그리고 '체험 영역'에서 경험하는 '해외 경험'도 중요한 전환점이 되었다.

다음으로 '성인기'에 경험하는 전환점 내용은 '가정 영역', '직업 영역', '체험 영역'에서 경험하는 것이다. 맨 처음 '가정 영역'에서는 '여성 창업가 본인의 가족 라이프 이벤트 경험'이 전환점이 되었다. 예를 들면, 본인의 '이혼', '남편의 사별', '결혼과 출산', '남편의 전근', '부모로부터 자립' 등의 전환점이 있었다. 또한, '직업 영역'에서 경험한 전환점 내용은 창업동업자와의 만남 등 '사람과의 만남'과 이직이나 사업 전환, 그리고, 새로운 직업과의 만남 등이 전환점이 되었다. 또한, '체험 영역'에서는 '해외 경험'으로 창업의 영감을 받거나, '종교적 체험'으로 전환점을 맞이하는 사례가 있었다.

더불어, 가족의 궤적과 각 클러스터와의 관계를 분석하였다. <표 18>에 제시한 바와 같이 클러스터에 따른 가족의 궤적 특성이 다르므로 클러스터별로 그 특성을 고찰하였다. 마지막으로 가족의 궤적별 각 클러스터의 사례를 제시하고 해석하였다.

제 7 장 ——————— 고찰과 결론

이 연구에서는 인적자본, 문화자본, 사회관계자본, 경제자본이라는 4개의 자원에 착안하여, 여성 창업가의 커리어 형성과 자원 획득에 대하여 고찰하였다. 이때, 여성 창업가 라이프 스테이지(유소년기, 청년기, 성인기), 직업 커리어 및 라이프 코스 요인(시대적 배경, 가족 라이프 이벤트 경험내용과 횟수, 타이밍, 전환점)에 주목하여 4개 자본(자원)의 획득 과정을 중심으로 다음과 같은 연구과제를 설정하였다.

1) 여성 창업가는 교육, 취업경험, 직업훈련과 숙련 등의 인적자본을 어떻게 획득하는가?
2) 여성 창업가는 근대적인 성별 역할분업 의식, 직업 가치관, 직업의식 등의 문화자본을 어떻게 획득하는가?
3) 여성 창업가는 서포터, 멘토, 동업자 등의 사회관계자본을 어떻게 획득하는가?
4) 여성 창업가는 창업을 위한 자금, 재정기반이 되는 경제자본을 어떻게 획득하는가?
5) 여성 창업가의 커리어 형성에는 어떤 유형이 있는가?
6) 커리어 형성패턴과 라이프 코스 요인은 어떻게 관련되어 있는가?

제7장에서는 본 연구의 연구과제에 관한 분석결과를 요약하고, 여성 창업가의 4개의 클러스터 특성에 대하여 정리하였다.

제1절 6개의 연구과제와 분석결과

여성 창업가는 창업하기 위하여, 어떠한 자원을 누구로부터(어디에서), 어떻게 확보하고 활용하는가? 제4장에서 기술한 바와 같이 여성 창업가가 유소년기에서 성인기에 걸쳐 '자본을 획득한 영역(복수응답 비율)'은 '가정 영역(88.4%)'이 가장 많았다. 특히, 유소년기에 사회화의 중개인으로서 가정환경의 영향이 매우 큰 것으로 드러났다.

가정 영역의 뒤를 잇는 것은 '직업 영역(50.7%)'이었다. '직업 영역'에서의 자원 획득은 장래의 창업 활동에 직접적인 영향을 미치는 것이다. 여성 창업가는 직업 영역의 다양한 직업 경험을 통해 위의 4개 자본을 획득하고 축적하여 창업하였다.

다음으로 뒤를 잇는 것은 '학교 영역(30%)'이었다. 유소년기에서 청년기에 걸친 학교 영역에서의 자원 획득은 '서클 영역', '아르바이트 영역', '해외 영역', '레슨 영역', '지역 영역' 등과 연동되며 중복되는 경우도 많았다.

여성 창업가는 이러한 영역에서 4개의 자본을 획득하고, 특정 영역에서 몇 가지 자본을 한꺼번에 또는 점차 획득하고 축적하였다.

(1) 여성 창업가는 교육, 취업경험, 직업훈련과 숙련 등의 인적자본을 어떻게 획득하는가?

이 조사에서 여성 창업가는 '대학 졸업'이 50.7%를 차지하였으며, 고학력 여성 창업가의 비율이 높아, 높은 수준의 인적자본을 획득하였다. 그리고 제3장에서 설명한 바와 같이 창업한 직종을 보면, '전문직'이 79.7%를 차지하고 있어, 여성 창업가의 열 명 중 여덟 명은 전문직 자영업자인 것을 알게 되었다. 이 분석결과는 이시다의 조사결과 '고등교육을 받은 사람은 전문직·관리직 자영업자가 되는 경향이 있다(Ishida, 2004)'와 일치하는 것이다.

'가정 영역'에서 여성 창업가는 창업가나 경영자인 부친이나 조모의 '경영 스타일'과 '장사하는 법'을 관찰하면서 인적자본을 학습하였다. 이 결과는 '부친이 자영업자인 경우, 본인의 자영업으로의 이동률이 높다(본인이 자영업으로 이동하는 데 의미 있는 효과를 가진다)'라고 한 이시다 (Ishida, 2004), 정현숙(2002), 타케노시타(竹ノ下, 2011)의 조사결과와 일치하는 것이다. 이는 '부모가 자영업인 경우, 부모의 사업에서의 직업경험을 통하여, 부모는 더욱 효과적으로 창업 기회에 관한 지식을 자녀에게 전수한다.'라는 소렌슨의 지적을 뒷받침하는 조사결과이다.

또한, 여성 창업가는 형제 관계에서 첫째인 경향을 보였다. 형제가 없는 경우, 유년시절부터 어른들의 대화를 들을 기회가 증가하고, 비즈니스에 관한 관심이 촉진된다. 형제가 있는 경우에는 형제간 '관계조정 역할'이나 '리더역할'을 학습하는 경향이 있었다.

'학교 영역'에서는 '학교생활'을 통해 '기초체력'을 쌓고, '전학경험'에 의해 다른 가치관과 만나고, 새로운 환경에의 '적응성'이나 '적응력' 등의 인적자본을 획득하였다.

'서클 영역'에서는 서클 활동에서 주장이나 매니저를 담당한 경험이 팀 조정능력, 스케줄 설정 능력, 기초체력, 강한 정신력 획득으로 이어졌다. 이렇게 획득한 인적자본은 장래의 기업경영에서 활용할 사람을 대하는 스킬(기술)이나 매니지먼트 능력이 되었다.

마지막으로 '아르바이트 영역'에서는 다양한 직무를 경험하면서, 접객 노하우와 가게의 일련의 흐름을 몸에 익히는 등 장래의 업무기초 및 기업경영에 도움이 되는 인적자본을 획득하였다. 또한, 직장동료가 장래의 창업동업자가 되거나, 다른 고객을 소개해주는 사회관계자본이 되어, 아르바이트 경험을 통하여 인적자본뿐만 아니라, 사회관계자본도 동시에 획득하는 경우도 있다.

(2) 여성 창업가는 근대적인 성별 역할분업 의식, 직업 가치관, 직업의식 등의 문화자본을 어떻게 획득하는가?

여성 창업가는 '가정 영역'에서 조부모나 부모에게 '미의식', '종교관', '인생관', '근대적인 성별 분업 의식(사회규범)', '직업 가치관과 윤리관' 등의 '문화자본'을 획득하였다.

먼저, '미의식'은 예술작품을 가까이에서 접할 수 있는 환경에서 자라고, 레슨을 통하여 미의식을 획득하고, 예술 관련 업계에서 창업한 사례가 있었다. '종교관'이나 '인생관'에 대해서는 신앙심이 깊은 부모나 조부모로부터 기독교의 봉사 정신 또는 불교의 사생관을 배우고, '세상을 위해서 살아가는', '사회에 환원하는' 것을 몸에 익혔다. 또한, 지역 풍토나 사상가의 영향을 받아 '사회에 공헌'한다는 가치관을 획득하고, 그것이 '사회적 사명'이라는 창업 동기로 이어졌다.

또한, 여성 창업가는 유소년기에 부모와 조모에게 '남자처럼 키워'지거나 '남성에게 의지하지 않고 사는 법을 배우는' 등 여성의 취업을 긍정적으로 생각하는 '근대적인 성별 분업 의식(사회규범)'을 학습하였다. 또한, 자영업을 하는 부모(특히 부친)에게 영향을 받아, '어린 시절부터 사장이 되고 싶어' 창업가를 목표로 하고, '일하는 것이 당연'하며, 무엇이든 '없으면 (스스로) 만든다.'라는 '직업 가치관과 윤리관'을 몸에 익혔다. 이는 소렌슨이 지적한 것처럼, '롤 모델로서의 부모의 육아와 가치관(Sørensen, 2007)'이 자영업을 지향하는 데 영향을 미친 사례들이다.

마지막으로 '학교 영역'과 '직업 영역'에서는 학교의 교풍이나 회사 분위기에 영향을 받아, '자주성'과 '자립심', '좋은 세상을 만들고 싶다'라는 '사회적 사명감'을 학습하였다. 또한, 유소년기와 청년기의 '해외 경험'을 통하여, '타문화를 바라보는 시각'을 획득하고 이를 창업에 연결한 케이스도 있었다.

(3) 여성 창업가는 서포터, 멘토, 동업자 등의 사회관계자본을 어떻게 획득하는가?

우선, '가정 영역'에서는 부모가 항상 '용기를 북돋아주고', '넌 훌륭한 사람이 될 거야'라고 격려하여, 정신적으로도 경제적으로도 지원하는 매우 중요한 사회관계자본이 되는 사례가 보였다.

'학교 영역'에서는 선생님이나 서클 친구에게 다양한 지원을 받았다. 예를 들면, 여성 창업가를 지도한 멘토로서 선생님은 취직이나 창업으로 이어지는 네트워크를 소개해주는 '사회관계자본'으로서만이 아니라, 직무 수행이나 기업경영에 필요한 직업 가치관 등 '문화자본'과 창업에 필요한 기술 습득 등 '인적자본'을 제공해주는 존재이기도 하다.

사회관계자본이 '서클 친구'인 경우에는 '약한 연대(가끔 만나는 관계)' 또는 '강한 연대(언제나 만나는 관계)'의 동료를 통해 창업에 필요한 지원을 획득하였다.

마지막으로 '직업 영역'에서는 멘토인 상사가 다양한 지원(정보, 조언, 훈련, 비호 등)을 제공하는 중요한 사회관계자본이다. 또한, 직장동료가 '창업 시 동업자가 되거나', 창업 시 필요한 '인재를 소개하는' 사례가 있었다. 더불어 창업학원에서 알게 된 사람이 '창업에 필요한 정보'나 창업자금을 제공해 준 사례도 있었다.

이 연구에서는 여성 창업가가 사회관계자본을 가정, 학교, 직장 영역에서 획득한 것으로 밝혀졌다. 남성 창업가를 조사하지 않은 관계로 비교 가능한 데이터는 존재하지 않으나, '사회적 네트워크가 자영업 창업이나 자영업으로의 이동을 촉진할만한 의미가 있는 것은 남성의 경우만이다'라고 하는 미와(三輪, 2011)의 조사결과와는 다른 결과를 도출했다.

(4) 여성 창업가는 창업을 위한 자금, 재정기반이 되는 경제 자본을 어떻게 획득하는가?

이 조사에서 창업자금이 필요했던 여성 창업가는 전체의 70%(48명)로, 창업자금의 중앙값은 300만 엔, 평균값은 475만 엔이었다. 창업자금은 '300만 엔' (17명), '1000만 엔' (11명), '100만 엔' (6명)의 순이었다.

창업자금의 입수처는 '자기자본'이 80% 이상(43명)을 차지하였다. 다음으로 '친구', '은행', '가족', '동업자'의 순으로 창업자금을 마련하였다. 가족이 창업자금의 입수처인 경우, 주로 '부친' 또는 '남편'으로부터 창업자금을 획득하였다.

자기자본의 입수처는 복수응답이었으므로, 창업자금의 입수처가 중복된 사람을 포함한 결과이다. '자기자본'으로 창업한 여성 창업가 43명 중 40%(17명) 정도가 자기자본과 동업자, 가족, 친구, 은행의 도움으로 창업하였으므로 60%의 여성 창업가가 자기자본만으로 창업한 것으로 나타났다.

(5) 여성 창업가의 커리어 형성에는 어떤 유형이 있는가?

여성 창업가의 직업 커리어 패턴을 구성하는 7개의 변수로부터 클러스터 분석을 수행하였다. 분석결과, '스페셜리스트', '처음부터 창업을 의도하지 않은 커리어', '제너럴리스트', '처음부터 창업을 의도한 커리어'라고 하는 4개의 클러스터를 도출하였다. 각 클러스터의 여성 창업가 프로필(직업 커리어 패턴)은 <표 15>에 제시한 바와 같다.

(6) 각 클러스터에서 커리어 형성패턴과 라이프 코스 요인은 어떻게 관련되어 있는가?

여성 창업가의 클러스터별 직업 커리어 패턴과 라이프 코스 요인(가족의 궤적)의 관계는 <표 19>에 제시한 바와 같다.

여기서는 여성 창업가의 각 클러스터의 전체상을 명확히 제시하기 위하여, 연구과제 (5)와 (6)에 대한 조사결과를 종합하여 제시하였다. 다음 <표 19>에 제시한 바와 같이 제5장에서 설명한 직업 커리어 패턴별 클러스터 특성과 제6장에서 설명한 가족의 궤적별 클러스터 특성을 조합하였다.

<표 19> 여성 창업가의 4개 클러스터의 특징[15]

	클러스터				Cramer V
	스페셜리스트	처음부터 창업을 의도하지 않은 커리어	제너럴리스트	처음부터 창업을 노린 커리어	
평균 연령	46세부터 90세의 비율이 높음(55세)	(50세)	(49세)	24세부터 45세의 비율이 높음(40세)	.321**
교육수준 (대학 이상)	61%	63.3%	62.5%	44.4%	.198
부모의 이혼				부모의 이혼 있음	.320**
학교 영역		자원을 획득하지 않았음		자원을 획득함	.285*
첫 직장 시기	1946년부터 1985년의 비율이 높음(1981년)	(1985년)	1946년부터 1985년의 비율이 높음 (1986년)	1986년부터 2007년의 비율이 높음 (1995년)	.334**
창업 전 평균 취업 기간	8년부터 27년의 비율이 높음 (13.4년)	(12.9년)	0년부터 7년의 비율이 높음 (6.2년)	0년부터 7년의 비율이 높음 (7.1년)	.268*
창업 연도 평균값	(1997년)	1998년부터 2003년의 비율이 높음 (2000년)	1966년부터 1997년의 비율이 높음 (1995년)	2005년부터 2011년의 비율이 높음 (2002년)	.239
창업 시 평균 연령	40대 이상의 비율이 높음(38.9세)	(37세)	30대의 비율이 높음(31세)	20대의 비율이 높음(28.7세)	.365**
창업 동기	후원자형 ·전 직장에서는 하지 못했던 일을 하고 싶음	사회적 사명 ·창업 이외의 선택지가 없음	창업 이외의 선택지가 없음·사회적 사명	처음부터 독립을 생각하고 있었음	.400**
NPO법		NPO법 이후에 창업	NPO법 이전에 창업	NPO법 이후에 창업	.261*
라이프 이벤트 경험내용	「결혼―출산」, 「결혼―출산―이혼―재혼」 경험자 비율이 높음	「결혼―출산」, 「결혼―출산―이혼」 경험자 비율이 높음	「독신」 또는 「결혼―출산―이혼―재혼」 경험자 비율이 높음	「독신」, 「결혼」 경험자 비율이 높음	.376**
라이프 이벤트 경험 횟수 (평균값)	2회~4회를 경험한 비율이 높음(1.7)	2회~4회를 경험한 비율이 높음(2)	(1.6)	0회~1회를 경험한 비율이 높음(0.8)	.341**
라이프 이벤트 시기	「가족 라이프 이벤트 경험 후에 창업」한 비율이 높음	「가족 라이프 이벤트 경험 후에 창업」한 비율이 높음	「가족 라이프 이벤트 없음」 비율이 높음	「가족 라이프 이벤트 없음」 또는 「가족 이벤트 경험 후에 창업」한 비율이 높음	.236
전환점	가정 요인/종교적 체험 부모로부터 자립 본인의 결혼과 이혼 남편과의 사별	가정 요인/직업 요인 본인의 이혼과 출산 남편의 전근 사업 전환	직업 요인 사람과의 만남 사업 전환 새로운 직업과의 만남	가정 요인/직업 요인 부친 회사의 도산, 부모의 이혼 사람과의 만남	.339**

【스페셜리스트】

스페셜리스트란, '특정 영역에 특화된 핵심적 능력을 획득하고 축적한' 창업가이다. 이 조사의 여성 창업가 샘플 중에서 가장 다수를 차지하는 클러스터이다. 즉, 스페셜리스트는 이 조사의 샘플에서 여성 창업가의 모달(modal) 유형이며, 여성 창업가로서는 가장 전형적인 유형이다.

스페셜리스트는 '연장자 세대'의 여성 창업가이며, 다른 클러스터와 비교하여 창업 전의 취업 기간이 길다는 특징을 보였다. 직업 커리어를 장기간 지속하여 많은 자원을 축적한 경향이 있는 여성 창업가이다.

스페셜리스트는 가족 라이프 이벤트(결혼, 출산 또는 이혼, 재혼)를 경험한 뒤에 창업한 비율이 높았다. 첫 직장에 취직하고 바로 창업하는 것이 아니라, 결혼과 출산이라는 전통적 젠더 규범에 동조하여 가족의 궤적을 우선하고, 그 뒤 창업 준비단계로 들어간 패턴으로 생각된다.

그리고 스페셜리스트의 창업 연도 분포를 보면, <그림 11>에서 나타낸 것처럼 1960년부터 2000년대까지의 오랜 기간에 걸쳐 창업하였다는 특징을 가진다. 창업 시 시대적 배경을 보면, 창업 연도 평균값은 1997년이며, 1998년의 NPO법 시행부터 2006년의 회사법 시행까지 창업하기 쉬운 환경이 갖추어지기 전에 창업한 사람의 비율이 높았다.

'창업 시 연령'도 클러스터 중에서 가장 높았으며, 창업 동기는 획득한 자원에 따라 창업 활동이 지원되는 '후원자형'과 '전 직장에서는 하지 못했던 일을 하고 싶다'라는 비율이 높았다. 오랜 기간 직무 경험과 스킬을 인정받고 상사나 사장 등으로부터 권유를 받은 '후원자형'은 오랜 취업 기간을 거쳐 40대 정도에 창업하는 유형이 많았다. 스페셜리스트는

---

15) ( ) 내의 숫자는 평균값을 나타냄. 「0.25 미만」 = 거의 관련 없음, * 「0.25~0.3 미만」 = 약한 관련, ** 「0.3~0.5 미만」 = 중간 정도의 관련, *** 「0.5 이상」 = 강한 관련.

직업 영역에서 다양한 자원을 획득할 수 있는 상황에 있으면서, 특정 기업에서 더 이상 일을 계속하지 않고 '창업'이라는 길을 선택한 이유는 무엇일까? 그 요인으로 '유리천장(glass ceiling)'과 같은 문제가 배경에 존재할 가능성이 있다.

특히, 오랜 기간에 걸쳐 한 회사에서 근무한 기업 내 숙련형 스페셜리스트인 경우에는 회사 내에서 높은 직위로의 승진을 목표로 생각할 수도 있으나, 여성이 일정 수준 위로는 승진할 수 없는 구조(Kanter, 1977)가 존재하면, 그 회사 내에서의 승진을 단념할 수밖에 없을 것이다. 이와 같은 상황에서 '후원자형'과 같이 멘토인 상사가 그녀들의 더 나은 발전 가능성을 위하여 창업을 권하는 경우도 있을 것이다.

창업 동기가 '전 직장에서는 하지 못했던 일을 하고 싶다'라는 경우에는 새로운 업무 내용을 기획하더라도 전 직장에서 실행할 수 없었던 환경에 있었을 수도 있다. 이는 새로운 아이디어가 직장에서 받아들여지지 않아, 혁신적인 발상이나 발견이 창업으로 이어지는 경우라고 생각할 수 있다.

【스페셜리스트의 사례】

사례 34) 【H' 씨, 40대, 자연요법 상품을 취급하는 회사 창업】

H' 씨의 부친은 우주나 신비로운 화젯거리에 관한 다수의 서적을 소장하고 있었다. 그 영향으로 유년시절부터 그녀는 '신기한 것, 사람의 몸과 마음'에 흥미가 있었다. 중학교와 고등학교 시절에는 농구부에서 주장으로 활약하였다. 장래에 병을 고치는 사람이 되고 싶었다. 전문대학에 입학하였고, 양호교사 자격을 취득하였다.

전문대학을 졸업하고, 사장 비서로 몇몇 회사에서 근무한 뒤, 대기업의 바이어로 일하였다. 결혼하고 나서 일이 너무 바빠진 탓에 미용 관계 회사로 전직하였다. 그리고 30대 중반에 독립하여 잡화 관련 일을 시작하였다. 그 시절에 '마음이 건강하지 않으면, 병도 낫지 않는다.'라는 독일의 자연요법과 접하게 되었고, 건강보조식품 상담사 자격을 취득하였다. 그 뒤 H' 씨는 '몸과 마음을 잇는다'라는 자연요법 상품을 취급하는 회사를 창업하였다.

사례 14) 【N 씨, 50대, 장애인을 지원하는 컴퓨터 교실의 NPO 법인 창업】(6장 153페이지의 사례 14와 동일한 사례)

N 씨는 어린 시절부터 조모에게 '여자도 학력이 있어야 한다'라는 이야기를 들었다. 그녀가 대학생이던 시절, 자영업을 하던 부친이 도산하여, 경제적으로 힘든 생활을 하게 되었다. 대학을 졸업한 뒤, 첫 직장에서 사무직을 하게 되었다. 2년 뒤에 파견회사에 전직하여, 컴퓨터의 달인이 되었다. 그 후, 결혼과 출산을 하여, 전업주부로 7년간 생활하였다. 자녀가 초등학교에 들어가고 시간상으로 여유가 생겨, 다시 파견직 일로 복귀하였다. 이후, 전직하여 컴퓨터 학원 강사가 되었다.

40대 중반에 컴퓨터 학원의 동료와 수강생들에게 동업을 권하여, 여성 세 명이 컴퓨터 교실을 개업하였다. 이전에 장애가 있는 사람이라도 일하는 데 아무런 지장이 없는 것을 경험한 적이 있었기 때문에, 장애인의 취업을 알선하는 사업을 시작하였다. '컴퓨터 자원봉사 네트워크'를 통하여 도와주는 사람이 증가하였고, 2000년에 들어와서는 NPO법인을 설립하였다.

사례 34는 어린 시절에 부친의 영향으로 '몸과 마음'에 대하여 관심을 두게 되었고, 결혼 후, 30대 중반에 자연요법과 만나, 이와 관련된 상품을 취급하는 회사를 창업한 사례이다. 사례 14에서는 컴퓨터의 달인으로서의 직업 커리어를 중단하고, 7년간 육아에 전념한 뒤, 컴퓨터 교실을 개업하여 장애인의 취업을 지원하는 사회적 사명을 가진 NPO법인을 창업하였다.

사례 35)【I′ 씨, 50대, 국제회의 아웃소싱 사업을 하는 회사 창업】

I′ 씨는 유년시절에 부친으로부터 '사람은 일해야 한다.'라는 말을 들었다. 그녀는 첫 직장에 들어가 결혼하고 퇴직하였다. 사회생활을 그만두고 나서는 남편을 통해서만 사회를 바라볼 수밖에 없었다. 이런 이유로, 영문 타이핑과 컴퓨터를 배워 비서로서 회의 관련 업무를 할 수 있게 되었다. 스킬을 몸에 익히고 나니 일이 재미있었고, 자신의 힘으로 자립하고 싶다는 생각을 하였다.

그 후, 이혼을 경험하고, 경제적으로 자립한다는 것이 얼마나 어려운지를 처음으로 알았다. 자립에는 경제적 자립과 정신적 자립의 양면이 필요하다는 것도 학습하였다.

이후 I′ 씨는 국제회의 일을 돕게 되었고, 이것이 계기가 되어 국제회의 관련 업무를 계속하게 되었다. 그녀는 전 직장으로부터 소개받은 포럼의 사무국 책임자로 11년간 일하였다. 그사이 미국에서 공인회계사 자격을 취득하였으며, 국제회의 업무가 메인인 사무국 아웃소싱 사업을 하는 회사를 창업하였다.

사례 36)【J′ 씨, 50대, 창업의 사회적 책임의 추진을 지원하는 회사 창업】

J′ 씨는 초등학교 시절부터 '앞으로는 여자도 일하는 시대가 오게 될

테니, 일하는 게 좋다'라는 모친의 교육방침 아래, '평생 일하고 싶다'라고 생각하게 되었다. 그녀의 부친은 전근이 잦은 일에 종사하고 있었기 때문에 J' 씨는 초등학교 시절에도 몇 번이나 전학하여, 환경에 순응하는 법을 몸에 익혔다. 중학교에서는 영어 스터디부에서 부장이 되어 영어연극을 하였다.

그녀는 대학 시절 연구회에서 개발도상국의 경제에 관하여 공부한 것이 계기가 되어 '세상을 위해서 일하고 싶다'라고 생각하게 되었다. 미국에 유학하고, 외자계 금융업계에 취직하여, 거의 10년간 월스트리트에서 트레이더로 활약하였다. 그러나 트레이더 일을 평생 계속하는 것보다도 세상을 위해서 도움이 되는 일을 하고 싶었다.

30대에 결혼하고 출산하여 회사를 퇴직하고 이혼한 뒤 싱글 맘이 되었다. 자녀를 보육원에 맡기기 위해서는 취직을 하거나 학교에 다닐 수밖에 없었으므로 재취업을 위한 스텝업을 위하여 대학원에 입학하여, 석사과정을 졸업하고 공인회계사 자격을 취득하였다.

그 후, 전 직장의 상사로부터 일을 소개받아, 자녀와 함께 미국으로 건너가서 다시 미국의 증권회사에서 일하였다. 몇 년 뒤, 일본으로 귀국하여, 더욱 건전한 투자를 위해서는 중립적인 입장에 서야 한다고 생각을 하고, 창업동업자와 함께 창업의 사회적 책임을 세상에 알리는 회사를 창업하였다.

사례 35에서는 전업주부가 되었으나 이후 재취업하고 이혼하였다. 국제회의 업계에서 일을 계속하여, 국제회의 아웃소싱 사업을 창업하였다. 사례 36은 10년간 트레이더 경험을 쌓고, 결혼, 출산, 이혼을 거쳐, '눈앞의 이익에 휘둘리지 않고, 신뢰할 수 있는 기업에 투자하고 싶다'라는 생각으로 창업한 사례이다. 금융업계에서 '창업의 사회적 책임'에 특화된

핵심적인 능력을 개발하고, 사회적 사명에 따라 회사를 창업한 창업가
이다.

사례 37) 【K' 씨, 50대, 인터넷 관련 회사 창업】

K' 씨는 어린 시절 '무언가를 할 때, 스스로 책임질 수 있다면 뭐라도
해도 좋다'라는 부친의 가르침 아래에서 자랐다. 또한, '청탁(淸濁: 맑은
상태인 것)'이라는 윤리관은 부모로부터 배운 것이다. 함께 살았던 그녀
의 부친은 여관을 경영하고 있었다. 중학교, 고등학교에서는 그룹에서 자
연스럽게 리더가 되었고, 리더가 되는 것이 즐거웠다.

영어 전문학교에 입학하였고, 그 학교에 취직하여, 영어를 가르쳤다.
몇 년 뒤 퇴직을 하고 결혼하였다. 전업주부로서 반년의 시간을 보낸 뒤,
외자계 광고대행사에 입사하여 18년간 통역업무를 담당하였다. 일을 통
하여, 광고, 미국의 회사 경영방법, 성과주의 등에 대하여 배웠다. 이후,
이혼하였다가 몇 년 뒤에 재혼하고 출산하였다. 자녀가 3살이 될 때까지
자녀를 데리고 회사에 다니면서 일을 계속하였다. 그러나 전환배치로 좋
아하던 통역업무를 할 수 없게 되어, 샐러리맨 생활을 접고 리더가 되고
싶었다. 그 후, 앞으로는 인터넷의 시대가 온다고 생각하여, 두 명의 공동
경영자와 번역 등에 특화된 인터넷 관련 회사를 창업하였다.

사례 38) 【L' 씨, 40대, 미용상품 회사 창업】

L' 씨의 친족은 장사를 하는 가문이었고, 부친은 자영업자, 조부모도
자영업을 하고 있었다. 그녀는 유소년기부터 '(필요한 것이) 없으면 (스
스로) 만든다.'라는 것이 당연한 환경에서 자랐다. L' 씨는 중학교부터 대
학까지 다도부, 대학에서는 사진부에 들어가서 이른바 '미의식'을 배웠

다. 또한, 초등학교에서 대학까지 걸 스카우트 활동을 통해 '서바이벌 정신'을 몸에 익혔다.

L' 씨는 결혼하여 대학을 졸업하고, 첫 직장에서 영업직을 담당하였다. 그 후, 전직하여 수년간 비서 업무를 하였다. 그녀는 대학 시절부터 미용상품에 관심이 있었고, 용모를 다듬는 것을 좋아하였다. 그녀는 자신이 필요로 하는 상품이 '세상 어디에도 없으니 (스스로) 만들고 싶다'라는 생각을 하였다. 그때 주변 사람들로부터 '상품을 만들려면 회사를 만드는 것이 좋다'라고 권유를 받아, 미용상품과 관련된 유한회사를 창업하고, 신제품을 개발하고 특허를 취득하였다. 이후, 이혼하고, 제조공정, 판매점을 확대하고, 주식회사로 법인화하였다.

사례 37에서는 결혼하고 18년간 통역업무를 계속하며, 이혼, 재혼, 출산을 거쳐, 번역 등을 핵심으로 하는 인터넷 관련 회사를 창업하였다. 사례 38은 유년시절부터 '없으면 (스스로) 만든다.'라는 기술(인적자본), '미의식' 또는 '서바이벌 정신(문화자본)'을 획득하고, 결혼하여, 대학을 졸업한 뒤에는 관심 있었던 미용상품을 스스로 개발하기 위하여 창업한 사례이다.

【처음부터 창업을 의도하지 않은 커리어】

'처음부터 창업을 의도하지 않은 커리어'의 창업가란, '처음부터 계획된 커리어 패스를 형성하는 것이 아닌, 우연한 일로 이후의 커리어가 영향을 받은' 창업가를 말한다.

이 클러스터의 여성 창업가는 스페셜리스트에 이은 '연장자의 창업가'이며, 창업 전에 오랜 취업경험을 쌓은 창업가이다. 그러나 학교 영역에서는 자원을 획득하지 않은 경향이 보였다.

1985년 '남녀고용기회균등법 시행' 전후 첫 직장에 들어간 경향이 보이고, 1998년 NPO법 제정 이후에 창업한 비율이 높다.

'처음부터 창업을 의도하지 않은 커리어'는 스페셜리스트와 마찬가지로 '결혼―출산' 경험자와 '결혼―출산―이혼' 경험자의 비율이 높고, 창업 시기도 가족 라이프 이벤트를 경험한 뒤가 많았다. 게다가, 본인의 출산, 이혼 또는 남편의 전근 등 '생식 가족'의 라이프 이벤트가 '처음부터 창업을 의도하지 않은 커리어'의 전환점이 되는 경우가 있었다.

창업 동기는 '사회적 사명' 또는 일을 계속하기 위해서 '창업 이외의 선택지가 없음'이었기 때문에 스스로 창업한 창업가로 생각된다.

【처음부터 창업을 의도하지 않은 커리어 사례】

사례 39) 【M' 씨, 40대, 장애가 있는 아이들과 가족을 지원하는 일반 사단법인 창업】

M' 씨는 전문대학을 졸업하고 보육사 자격을 취득했다. 졸업 후, 장애가 있는 아이들의 복지시설에서 보육사로 4년간 근무하였다. 그 후, 3년간은 여행회사나 사진관, 장애아 시설 등에서 아르바이트를 하며, 오토바이 여행 등을 즐기는 나날을 보냈다. 결혼하고 출산을 하여 가벼운 장애가 있는 자녀의 엄마가 되었다. 신기하게도 자녀를 전 직장 근무지였던 복지시설에 통원시키게 되었다.

오토바이 여행에서 알게 되어 연하장을 주고받던 정도의 친구가 창업가 서클을 운영하고 있었다. 그 창업가 서클에 소속된 디자이너가 장애가 있는 자녀가 그린 그림을 상품화하는 데 도움을 주었다. 그 결과, 이를 사업으로 창업하기 위해서 처음에는 임의단체로 창업하였고, 이후 법인화하였다.

사례 40) 【N' 씨, 60대, 인재육성 회사 창업】

N' 씨의 조부는 창업가이며, 그녀는 조부를 존경하였다. 그녀가 유년 시절에 부모가 이혼하고, 모친 혼자서 온갖 일을 하면서 그녀와 형제를 키웠다. N' 씨는 고등학교를 졸업하고 취직하였다. 그리고 결혼하고 출산 하여 퇴직을 거쳐, 거의 10년간 전업주부로 생활하였다.

그 후, 이혼하고 두 명의 자녀를 데리고 경제적으로 자립하기 위하여, 미용업계에 영업직으로 재취업하였다. 방문 영업경험으로 '테레사 수녀 처럼 다른 사람을 위해서 일하는 것이 소중하다'라는 경험을 하였다. 그 러자, 방문 영업 실적이 올라가서 관리직으로 영업 여사원들의 교육과 육성을 담당하게 되었다. 어린 시절은 가난했지만, 집의 인테리어 잡지를 보면 행복했기 때문에 좋아하는 일을 벌이기로 결심하였다. 그리고 3년 뒤에는 가구업계의 파트타이머로 전직하여, 인테리어 코디네이터와 2급 건축사 자격을 취득하고, 6년 뒤에 과장으로 승진하여 영업직의 인재육 성을 하였다. 40대에 창업하고 싶었기 때문에 7년 뒤에는 인재육성 회사 를 창업하였다. 글로벌 금융위기 후 어려운 비즈니스 환경에서 창업하여 힘들었지만 극복할 수 있었다.

사례 39, 사례 40의 두 사례 모두 사회적 사명을 가지고 창업한 사례 이다. 사례 39는 1년에 한 번 정도밖에 교류가 없었던 친구로 인해 장애 가 있는 아이가 그린 그림을 상품화하는 사업이 실현된 경우이다. 이는 약한 연대의 친구가 혁신(새로운 아이디어의 조합)을 가지고 온 사례이다. 제2장에서 논의한 것처럼, 앨드리치, 엘람, 리즈의 연구(Aldrich, Elam, and Reese, 2011)에 따르면, 여성 창업가는 '약한 유대'나 '잘 모르는 사람'과의 접촉으로 사회관계에서 창업에 필요한 자원이나 지원을 동원할 수 있다고 가정하였다. 이 사례는 그들의 가설을 지지하는 것이다. 이는 그라노베터의 '약한 연대의 가설(Granovetter, 1973)', 즉, '약한 유대에 의하여 자신의 교제 범위에서는 손에 넣을 수 없는 새로운 정보나 도움이 되는 자원에 접근하는 것이 가능해진다'라는 가설이다.

사례 40에서는 이혼 뒤 본격적으로 직업 커리어를 발전시켜, 자신의 영업직 경험을 활용, 사명감을 교육을 통하여 다양한 업종의 인재에게 전파하는 회사를 창업하였다. 가족 라이프 이벤트 경험이 선행되었고, 전업주부에서 영업직 프로페셔널로의 변화라고 하는 처음부터 창업을 의도하지 않은 커리어의 사례이다.

【제너럴리스트】

제너럴리스트란, '서로 다른 영역 간(업종 간, 지역 간, 문화 간)을 연결하고 중개하면서 특정한 핵심능력을 획득하고 축적'한 창업가이다.

제너럴리스트는 '처음부터 창업을 의도하지 않은 커리어'와 거의 같은 세대이며, 같은 시기에 첫 직장에 들어갔다. 창업 연도의 평균값은 1995년이며, 창업하기 좋은 환경으로 바뀌기 전에 창업한 비율이 높았다.

'제너럴리스트'에는 결혼하지 않고 창업하거나, 가족 라이프 이벤트를 경험하고 나서 창업하는 패턴이 많았다. 특히, 가족 라이프 이벤트 시기에는 '독신' 비율이 높았다.

'처음부터 창업을 의도하지 않은 커리어'와는 달리, 제너럴리스트의 창업 전 취업 기간은 짧았다. 그러나 전환점은 사람과의 만남, 사업 전환, 새로운 직업과의 만남 등 '직업 영역'의 라이프 이벤트인 경향이 나타났으며, 이로 인하여 서로 다른 영역 간의 가교역할을 수행하고, 복수의 비즈니스를 조합하는 것이 가능하게 되었다.

'창업 동기'는 '창업 이외의 선택지가 없음'과 '사회적 사명'의 비율이 높았다. '일을 계속하기 위해서는 창업밖에 없는' 상황에서 창업하거나 '세상에 도움이 되고 싶다'라는 사명감을 가지고 회사를 창업하는 경우가 많았다.

【제너럴리스트의 사례】

사례 41) 【O' 씨, 30대, 일본에 있는 외국인 유학생의 취업을 지원하는 회사 창업】

O' 씨는 대학 시절에 미국에 유학한 경험이 있었다. 그녀는 유학 시절에 다른 나라에서 온 외국인 유학생이 가진 헝그리 정신, 열정, 그리고 근면함에 끌렸다. 이때 외국인 유학생이 가진 건강한 힘을 일본에 전하고, 다시 외국으로 이어지는 것의 소중함을 통감하였다. 귀국 후, 다른 업계에서 일한 다음, 일본에 있는 외국인 유학생의 취업을 지원하는 회사를 창업하였다.

사례 41에서는 자신의 미국유학 체험을 통하여, 일본에 있는 외국인 유학생과 일을 이어주는 중개 비즈니스를 창업하여 일본과 외국의 가교역할을 담당하고 있다.

사례 42) 【P' 씨, 50대, 편집기획으로 여성 창업가를 지원하는 회사 창업】

P' 씨는 어린 시절에 농업을 하는 조모에게서 '자연과 조화된 삶의 소

중함'을 배웠다. 그녀는 초등학교, 중학교 시절부터 사람들을 잘 이끌었다. 고등학생 시절, 첨가물에 대하여 경종을 울리는 서적을 많이 읽었다.

고등학교를 졸업 후, 음악전문지 편집부, 인쇄회사를 거쳐, 프리랜서 편집자로 대형 출판사의 여성지 창간과 해외거래 등을 다수 담당하였다. 또한, IT 기술을 익혀, 미국에서 홈스테이할 당시 호스트였던 여성에게서 자립할 수 있는 지침을 배웠다.

20대 중반에 결혼하여 이혼하였고, 30대에는 개인사업자로 창업하고, 2년 뒤에 법인화하였다. 기획과 편집 활동을 통하여 여성 창업가를 지원하는 활동을 시작하고, 세 가지 영역(IT, 농업, 여성지)에서 가교역할을 담당하는 일을 창업하였다.

사례 42는 지금까지의 커리어 형성을 통하여, 어린 시절 농업을 했던 조모의 영향, 직업 영역에서 오랜 기간에 걸친 편집자로서의 체험, IT와의 만남, 그리고, 여성 창업가를 서포트 하는 활동이라고 하는 서로 다른 영역에서 축적한 핵심적 능력을 조합하여, 새로운 비즈니스(혁신)를 창조한 사례이다.

사례 43) 【Q' 씨, 50대, 의료/간병/병원 경영 관련 회사 창업】

Q' 씨의 부친은 부동산 업계에서 도시개발에 종사하였다. 부친의 영향을 받아, Q' 씨는 입지조건에 대한 감각을 익히고, 이는 나중에 약국과 병원 경영에 도움이 되었다. 조모는 이른바 '메이지 시대 출생 여성(明治女)'으로 항상 일하는 사람이었다. 그녀는 할머니를 좋아하는 아이였다. 초등학교 때에는 허약했지만, 중학교 시절에 탁구부에 들어가 활약하였다.

Q' 씨는 대학에서 의학을 공부하고, 첫 직장에서 연구원으로 일했지

만, 결혼과 출산을 계기로 퇴직하였다. 그녀는 그 후 1년 정도 지나서 약국을 열었다. 그리고 특정 지역에 뿌리를 내린 사업을 통해, 의료와 지역을 잇는 기업 활동을 시작하였다. 이후, 이혼하고 병원 경영을 공부하기 위하여 미국에 유학하였고, 귀국 후에는 지역과 의료와 간병의 가교역할을 하는 사업을 창업하였다.

사례 43은 부동산업에 관련된 부친 및 일을 하던 조모의 영향을 받아, 약국을 창업하고 미국에서 병원 경영에 대하여 배우고, 특정 지역에 뿌리를 둔 의료와 간병을 결합한 사업을 창업한 사례이다. 그때까지의 커리어 형성과정의 개별 요소를 조합하여 종합적인 비즈니스로 만들었다. 몬토야(Montoya, 2000)는 '창업가가 이와 같은 것이 가능한 이유는 창업가는 지역 문화와 결부되어 있기 때문이다'라고 지적하였는데, 이 사례는 특정 지역에 결부된 '비즈니스 기회'에 대하여 문화적으로 '해석'하고, 약국부터 병원, 복지로 창업 활동을 확대한 사례에 해당한다.

【처음부터 창업을 의도한 커리어】

'처음부터 창업을 의도한 커리어'의 창업가는 '커리어 형성 초기 단계부터 창업가가 되기 위하여 커리어의 각 단계에서 전략적으로 필요한 자본을 준비한' 창업가이다.

'처음부터 창업을 의도한 커리어'는 가장 젊은 세대이다. '부모가 이혼한' 경향을 보이며, 유소년기, 청년기에 경제적으로 고생한 경험이 있고, 이로 인하여 이른 시기부터 창업가가 되고 싶어 한 계기가 된 경우도 있다. 마찬가지로 전환점은 부모의 이혼이나 부친 회사의 도산 등 '정위가족'의 라이프 이벤트의 경향을 보였다. 다른 클러스터와 비교하여 대학을 졸업한 비율이 낮은 것도 경제적 이유에 의한 것으로 볼 수 있다.

그러나 이 유형은 학교 영역에서 자원을 획득하고, 창업을 위하여 차곡차곡 준비한 과정이 관찰되었다. 나아가, 이 유형의 창업가에게는 'NPO 법 제정', 'IT 혁명'과 같은 창업가에게 매우 유리한 환경이 시대적 배경으로 존재하였다. '처음부터 창업을 의도한 커리어'의 여성 창업가는 이 기회를 놓치지 않고, 짧은 취업 기간에 전략적으로 창업한 것으로 생각된다.

'처음부터 창업을 의도한 커리어'의 경우, '독신'과 '결혼' 경험자 비율이 높고, 다른 클러스터와 비교하여, 창업하기까지 경험하는 가족 라이프 이벤트 횟수가 적은 것도 짧은 기간에 창업 준비를 했기 때문인 것으로 생각된다.

【처음부터 창업을 의도한 커리어 사례】

사례 44) 【R' 씨, 20대, 미용상품 회사 창업】

R' 씨는 유소년기에 부친의 회사가 도산하여 가난한 생활을 경험하였다. 어느 날, TV에서 자신보다 궁핍한 생활을 하는 난민 어린이들의 모습을 보고, 난민을 돕기 위해서는 '부자가 되고 싶다', 즉, '사장이 되어야 한다'라고 생각하였다. 이를 계기로 그녀는 초등학교 시절부터 창업하고 싶다고 생각하였다. 경영자가 되기 위해서 대학에서 경영학을 배우고자 입시학원에 다니면서, 바에서 아르바이트하며, 그곳에서 다양한 사장님들과 만나고, 대학에 가는 것을 그만두었다. 고등학교를 졸업하고, 접객업에서 아르바이트하며 창업자금을 모았다.

R' 씨는 아르바이트 가게의 인맥을 살려, 미용업계 전시회에서 주문한 미용상품의 영업판매를 시작하였다. 그즈음에 R' 씨는 누군가로부터 추

천을 받아 읽었던 어떤 기업가의 책에 감명을 받았다. 그는 동남아시아에서 주민을 고용하여 지역발전에 공헌하는 비즈니스를 창업하여, 마치 R'씨가 하고 싶었던 일을 실현한 사람이었다. 그녀는 현지로 가서 책을 쓴 기업가와 만나, 귀중한 어드바이스를 얻었다. 이후, 그녀는 미용 회사를 창업했고, 창업동업자와 결혼하였다.

사례 44는 부친이 경영한 회사의 도산으로 경제적인 고통을 체험하고, 이를 계기로 본인보다 더 어려운 환경에 있는 '난민 어린이들을 구하고 싶다'라는 사회적 사명에 눈뜨고, 그 목표를 위해서 창업가가 되었다. 고등학교를 졸업하고 아르바이트로 창업자금을 모아, 창업한 사례이다. 특히, 롤 모델이 되는 창업가와의 만남이 중요한 계기가 된 사례이다.

사례 45) 【S' 씨, 30대, 자신을 이미지업 하는 회사 창업】

S' 씨가 중학생이던 때에 부모가 이혼하였다. 그녀는 회사를 경영하던 부친에게서 자신의 재량으로 사업할 것, 그리고 새로운 것을 창조하는 일의 재미에 대하여 배웠다. 전업주부였던 모친이 부친과 이혼하는 바람에 S' 씨는 '남성에게 의지하지 않고 사는 법'이 중요하다고 생각하게 되었고, 중학교 시절부터 '창업하고 싶다'라고 생각하였다.

전문대학을 졸업하고 대기업에 취직하여 영업직 스킬을 배웠다. 그리고 거래처에 스카우트되어 비서로 일하면서 고객을 대하는 법을 몸에 익혔다. 영업직과 비서직 등 '사람을 접하는 직업' 체험을 통해, 자신을 이미지업하기 위한 공부를 하였다.

그 후, 결혼하면서 그녀의 고향으로 이사하였다. 그곳은 여성 창업가가 많이 배출되어, 창업하기 좋은 환경이 조성되었다. S' 씨는 전 직장의 퇴직금을 창업자금으로 하여 자신을 이미지업 하는 회사를 창업하였다.

사례 45에서는 자영업을 하는 부친 또는 부모의 이혼에 의하여 '경제적 자립', 즉 '창업한다는 것'을 이른 시기부터 의식하고, 그 목적을 위하여 커리어를 형성하였다. 영업직, 비서, 컨설팅업에 대하여 배우고, 여성이 창업하기 쉬운 고향으로 이주하여, 컨설팅 관련 회사를 창업하였다. 전 직장 퇴직금이 창업자금이 되었다.

사례 25) 【Y 씨, 40대, 인터넷 리서치 회사 창업】
(6장 164페이지 사례 25와 동일한 사례)

Y 씨의 부친은 자영업을 하였고, 종종 동료 사장들과의 골프모임에 그녀를 데리고 갔다. 어른들 대화 속의 회사 이야기가 재미있었다. 열 살 때부터 자신도 창업가가 되고 싶다고 생각하였다.

그녀는 대학에서는 경영학을 배우고, 장래에 창업가가 될 때 도움이 될 것이라는 생각으로 일단 어패럴 회사에 입사하였다. 이 회사에서 8년 동안 점포실습, 경영기획, 인사기획, 합병을 경험하고, 새로운 사업 형태를 만들어내는 방법을 학습하였다. 회사의 지원 덕분에 창업가 세미나에 참가하여 그곳에서 멘토와 만나고, 창업하는 것의 즐거움을 배웠다. 이를 계기로, 다른 업계에서 자신의 능력을 시험해보고 싶다는 생각을 하고, 30살에 외자계 컨설팅회사로 전직하였다. 이후, 그 회사의 동료 세 명과 함께 인터넷 리서치 회사를 창업하였다. 그리고 결혼하여, 가사 지원은 남편이 하고 있다.

사례 25는 자영업을 하는 부친에게 영향을 받아, 이른 시기에 창업가를 목표로 삼은 사례이다. 대학에서 경영학을 배우고, 졸업 후 8년간 기업경영을 실천 학습하고, 30세에 컨설팅회사로 전직하여 차곡차곡 창업을 준비하였다.

제2절 본 연구에서 얻은 기타 조사결과

본 연구에서는 제3장에서 설정한 연구과제에 대하여 고찰한 것 외에
도 다음과 같은 지식을 얻을 수 있었다.

우선, 우리가 상식적으로 생각하는 '창업가'와는 다른 이미지가 밝혀
졌다. 슘페터나 커즈너와 같은 경제학자는 창업가를 '처음부터 창업을 목
표로 설정하고, 혼자서 치밀하게 준비하여 합리적이고 전략적으로 창업
한다.'라고 생각하였다. 그러나 이 연구에서 밝혀진 것은 그와 같은 '처
음부터 창업을 의도한 커리어'의 여성 창업가는 실제로는 소수파이며, 그
밖에도 세 가지 유형의 여성 창업가가 존재한다는 사실을 도출하였다.

또한 '혼자서 창업한다.'라는 경제학자의 이미지에 대해 깊이 고찰하
면, 사실 여성 창업가는 혼자서 창업하는 것이 아니라, 창업동업자와 창
업하고, 창업자금을 서포터로부터 획득하는 사례가 많았다. 게다가 회사
의 종업원도 창업가 네트워크를 이용하여 채용하는 경우가 많다. 루에프
(Ruef, 2010)가 지적한 바와 같이 창업 활동은 집합행위이며, 행위자 개
인의 재능이나 노력만으로 창업이 가능한 것이 아니라는 점을 밝혔다.

또한, 이 연구에서 분명해진 것은 여성 창업가의 창업 동기가 수익의
증가나 기업 규모 확대 등의 경제적인 동기만이 아니라, 타인과의 사교,
타인의 지원, 서비스라고 하는 사회적 사명이나 자기실현 등을 포함한다
는 점이다.

마지막으로 창업가가 유소년기부터 부모와 조부모로부터 받은 영향은
오랜 시간이 경과한 후 창업 활동에 영향을 미친다는 사실을 도출하였다.

예를 들면, 사회적 사명이라고 하는 창업 동기로 창업한 여성은 어린 시절에 조모나 부모에게 그러한 가치관을 무의식중에 학습하고, 창업 활동을 시작하는 단계에서 처음으로 드러나는 사례가 많았다. 어린 시절 생활 속에서 무의식적으로 내면화된 메시지는 인생의 나침반처럼 훗날 라이프 코스에 큰 영향을 미친다고 생각할 수 있다.

제3절 총괄 개념 도식

다음 <그림 13>에 제시한 바와 같이 '여성 창업가의 커리어'는 4개 요인의 상호작용으로 형성된다. 그 요인이란, 자본(인적자본, 문화자본, 사회관계자본, 경제자본), 자본을 획득하는 영역(가정, 학교, 직장), 라이프 코스 요인(시대적 배경, 라이프 스테이지, 가족 라이프 이벤트, 타이밍, 전환점), 그리고, 직업 커리어(첫 직장, 이직, 재취업, 창업)이다. 이러한 요인의 상호작용(조합)이 창업가의 커리어를 형성하고, 다른 유형의 창업가를 탄생시킨다.

예를 들면, 부모가 음식점을 경영하고, 유소년기에 가게를 찾은 손님들을 보며 자랐고, 학교의 서클 활동에서는 육상부 주장을 하고, 첫 직장에서는 영업직에 들어가고, 전직하여 다른 업계에서도 영업직을 계속하며, 신입사원에게 영업 기술을 전수하는 인재교육 회사를 창업한 사례의 경우, 스페셜리스트라는 직업 커리어를 형성한 여성 창업가였다.

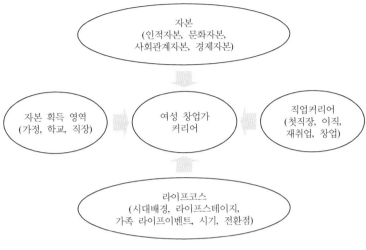

<그림 13> 여성 창업가의 커리어와 4개의 요인

또는 부모가 이혼하고, 경제적으로 생활이 쉽지는 않았지만, 유소년기에 조모에게 '세상을 위하여, 타인을 위하여 살아가거라'라는 가르침을 받았다. 첫 직장에 들어가, 회사 동료와 결혼하고 출산하여, 전업주부가 되고 퇴직하였다. 7년 뒤에 이혼하고, 재취업한 회사에서 여성의 취업 지원 프로젝트를 추진하였다. 그 경험을 바탕으로 육아 중 여성들의 취업을 지원하는 회사를 창업하였다. 이는 '처음부터 창업을 의도하지 않은 커리어'의 여성 창업가이며, 창업 전에 가족 라이프 이벤트(결혼, 출산, 이혼)를 경험하고, 이후 '육아 중 여성들의 취업 지원'이라는 사회적 사명을 깨닫고 이를 계기로 창업한 사례이다.

후자의 사례에서 중요한 것은 유년시절에 배운 메시지가 가족 라이프 이벤트와 취업경험을 한 뒤 처음으로 활성화되어 창업으로 이어졌다는 점이다. 또한, 유소년기에는 가정 영역에서 경제적으로 곤란한 생활을 경험하였지만, 조모에게 사회적 사명에 대하여 배우고, 이혼이라는 가족 라이프 이벤트(전환점)에 의해, 처음부터 창업을 의도하지 않은 커리어가 드러났다. 이처럼, 자원을 획득한 영역, 라이프 스테이지, 가족 라이프 이벤트, 직업 경험의 조합으로 4개의 자본을 획득하고 창업하게 되는 것이다.

다음 <그림 14>는 개인사로 바라본 여성 창업가의 커리어 형성과정을 나타낸 것이다. 우선, 여성 창업가는 특정한 시대적 배경 아래에서 가족 영역에 이어서 학교 영역, 그리고 직업 영역에서 자본을 획득하고 창업 활동에 도달하지만, '가족 라이프 이벤트'가 학교→일→창업 활동의 어느 단계에서도 모두 개입하고 있거나 창업 후에도 존재한다. 제6장에서 밝힌 바와 같이 본 연구의 여성 창업가의 '가족 라이프 이벤트 시기'는 '가족 라이프 이벤트 뒤에 창업'한 유형이 가장 많으며, 일단 가족 라이프 이벤트를 경험하고, 최종단계에서 '창업'한 사례가 많았다. 이 조사 결과에 기반한 <그림 14>는 학교 졸업 후, 첫 직장에 입사하여 결혼한다고 하는 이른바 모달(modal) 패턴을 그림으로 나타낸 것이다.

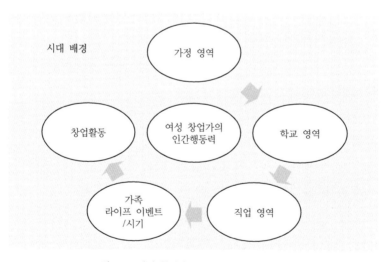

<그림 14> 여성 창업가의 커리어 형성과정(개인사)

상기 <그림 14>의 중심에 여성 창업가의 '인간 행위력(human agency)'
이라는 개념을 설정한 이유는 자원을 획득하고, 창업을 위해 동원할 때
가장 중요한 것은 창업가 본인의 행위이기 때문이다. 여성 창업가와의
면접에서 밝혀진 것은 여성 창업가의 '지속하는 힘', '포기하지 않는 힘',
'희망을 유지하는 힘', '노력하는 힘'의 영향력이다. 이러한 인간 행위력
은 라이프 코스 요인 중에서도 가장 중요한 것의 하나로 간주된다.

본 연구에서도 <그림 14>에 제시한 바와 같이, 여성 창업가의 커리어
가 4개의 요인—자본, 자본을 획득하는 영역, 라이프 코스 요인, 그리고,
직업 커리어—의 조합에 의해 형성되지만, 그 조합을 가능하게 하는 것
은 자원이 배태되어 있는 사회구조와 창업가 행위의 상호작용(interplay)
에 의한 것이라는 점이다.

<그림 13>과 <그림 14>는 동전의 양면처럼 여성 창업가의 커리어 형
성에 영향을 미치는 요인간의 구조 및 여성 창업가의 커리어 형성과정을
그림으로 나타낸 것이다. 요약하면, 창업가의 커리어는 특정 사회구조에
배태되어 있다. 특정 시대, 세대, 라이프 스테이지라는 시간, 특정 사회관
계(네트워크)라고 하는 공간 속에서 창업가는 자본을 획득하고, 동원하여
창업한다. 더불어, 커리어 형성에서의 자본 획득, 축적, 동원에는 창업가
의 인간 행위력을 빼놓을 수 없다. 이른바, 사회구조와 인간 행위력의 상
호작용이 창업가의 커리어를 형성하는 것이다.

제4절 본 연구 조사결과로부터의 제언

본 연구에서 얻은 지식을 바탕으로 장래에 창업하고 싶다고 생각하는
여성에게 다음과 같이 제안하고자 한다.

우선, 본 연구에서 제시한 연구과제는 4개의 자본(인적자본, 문화자본, 사회관계자본, 경제자본)을 어떻게 획득하는지에 대한 것이다. 이는 가족, 학교, 일이라는 세 가지 영역에서 유소년기, 청년기, 성인기라는 세 가지 라이프 스테이지에서 4개의 자본을 어떻게 획득하는지를 묻는 것이다.

따라서 일단, 본 연구로부터의 제언은 자신의 지금까지의 커리어를 돌아보고, 다음 4가지에 대하여 고찰해보는 것이다.

① 유소년기, 청년기 가정에서 어떠한 자원을 획득하였는가?
② 학교에서 어떠한 자원을 획득하였는가?
③ 직업에서 어떠한 자원을 획득하였는가?
④ 자신에게 적합한 여성 창업가 유형은 무엇인가?

지금까지의 자신의 커리어에서 어떠한 자원을 획득했는지를 이해한다면, 어떠한 업계에서 어떠한 핵심적인 능력을 활용하면 되는지를 상상할 수 있을 것이다. 자신이 지금까지 어떤 스킬과 노하우를 몸에 익히고, 어떤 가치관을 가지고, 어떤 사람들이 자신을 지원해주었는지, 창업자금은 어떻게 마련했는지 등에 관하여 본 연구사례에서 많은 시사점을 얻을 수 있지 않을까 생각한다.

본 연구에서 여성 창업가는 '스페셜리스트', '처음부터 창업을 의도하지 않은 커리어', '제너럴리스트', '처음부터 창업을 의도한 커리어'와 같은 4개의 유형이 존재하였다. 다시 말하지만, 일반적으로 창업가의 이미지는 '처음부터 창업을 의도한 커리어'와 같이 이른 시기에 창업가를 목표로 하고, 목적달성을 위하여 합리적 또는 전략적으로 커리어를 형성하는 유형에 가까울 것이다. 그러나 본 연구 사례분석을 통해 보면 그러한 창업가는 소수이다. 실제로는 오랜 취업경험을 쌓고, 가족 라이프 이벤트를 경험한 뒤에 창업하는 '스페셜리스트'이거나 '처음부터 창업을 의도하지 않은 커리어'가 다수이다. <그림 13>에 제시한 바와 같이 여성 창업가는 4개의 자본, 자본을 획득하는 영역, 라이프 코스, 직업 커리어 등 여러 요인이 상호작용하여 자본을 획득하고, 동원하여 창업하기 때문에 여성 창업가에게는 서로 다른 유형이 존재한다.

예를 들면, 창업 활동을 시작하기 전의 직업 커리어 내용이 창업에 큰 영향을 미친다. 이는 창업 전 커리어에서 획득한 인적자본(어떤 스킬을 익혔는지), 문화자본(어떤 가치관이 발달했는지), 사회관계자본(어떤 사람을 만났는지), 경제자본(어떤 창업자금을 마련했는지)에 따라 여성 창업가의 유형도 달라지기 때문이다.

또한, 슘페터(schumpeter, 1998)는 '창업'이란 '새로운 결합(new combination)을 하는 것'이라고 지적했지만, 어떤 자본을 어떻게 조합하는가에 따라서 혁신(새로운 아이디어의 조합)의 내용도 달라진다.

그러므로 장래 창업가가 되기를 바라는 여성은 스스로가 어떤 유형의 창업가에 적합한 커리어 특성이 있는지를 상상해 보는 것은 어떨까? 예를 들면, 스페셜리스트나 처음부터 창업을 의도하지 않은 커리어처럼 '가족 라이프 이벤트 경험 후에 창업'하는 여성 창업가 유형은 출산과 육아, 또는 이혼을 경험하는 것을 의미한다. 일을 계속하거나 전업주부로 일단 노동시장에서 이탈하였다가 다시 복귀하기 위해서는 가족, 형제 또는 육아시설 등 육아를 위한 자원을 획득해야만 한다.

본 조사의 여성 창업가에 대하여서는 가족(부모, 시어머니, 언니, 남편)과 친밀한 관계의 친구에게서 육아를 지원받은 사례가 보였다. 또한, 보육원에 자녀를 맡기는 사례도 많았다. 혹은 회사 사무실에 아기침대를 두고 육아하거나, 육아 중인 여성 종업원들과 회사 내에서 서로 육아할 수 있는 환경을 만든 여성 창업가도 있었다. 이처럼 가족의 육아 지원 또는 여성 창업가 본인의 노력으로 육아 지원을 얻어낸 사례가 있었다.

그러나 육아 지원을 위한 여성 창업가 개인이 동원할 수 있는 자원에는 한계가 있고, 여성 창업가를 지원하는 것보다 공적이며 포괄적인 제도를 만드는 것이 불가피하다. 그러나 제1장에서 지적한 바와 같이 여성의 창업지원에 특화된 법률이나 정책, 공적인 지원단체가 아직 적은 것으로 지적되었으므로 향후에는 무엇보다 여성의 창업지원에 특화된 법률 제정이 필요할 것으로 생각된다.

또한, 여성 창업가는 남성 창업가보다 '사회관계자본' 획득이 곤란하다는 것은 이미 많은 선행연구에서 지적되고 있다. 이 연구 과정에서 여성 창업가와의 면접에서 '여성은 동료를 잘 만든다.'라는 말을 종종 들었다. 이처럼 여성 창업가에게는 같은 세대의 창업가끼리 '횡적 연대'가 존재한다는 점을 시사했지만, 반드시 횡적 연대가 현실에서도 그대로 확장되지만은 않을 것으로 생각된다.

한편 이 조사의 결과에서 '스페셜리스트'와 같은 '연장자 세대'부터 '처음부터 창업을 의도한 커리어'와 같은 '젊은 세대'의 여성 창업가에 이르기까지 다양한 세대의 여성 창업가가 존재하는 것을 알게 되었다. 그러나 서로 다른 세대의 여성 창업가 그룹끼리의 '종적 연대'가 존재하지는 않는 것 같다. 예를 들면, 연장자 세대의 여성 창업가는 젊은 세대의 여성 창업가와 비교하여 장기간의 취업경험과 창업에 관한 지식이나 노하우 또는 인맥을 축적하였을 가능성이 있다. 인적자본이나 사회관계자본의 획득이 곤란한 여성 창업가에게 연장자 세대의 여성 창업가들이 획득하고 익힌 창업 활동에 필요한 자본을 젊은 세대에게 가르치고, 전하고, 공유하고, 서로 돕는 종적 연대(네트워크)를 만드는 것이 향후 여성들의 활약에도 매우 중요한 발걸음이 될 것으로 생각된다.

이처럼 같은 세대의 여성 창업가끼리 '옆으로' 이어지고(횡적 연대),

다른 세대의 여성 창업가들끼리는 '위아래로' 이어진(종적 연대), '네트워크구축'의 자리를 제공하고, 이를 지원하는 공적인 정책이 앞으로 필요할 것으로 생각된다.

제5절 연구의 한계와 향후 과제

본 연구의 목적은 여성 창업가의 커리어 형성에 관한 탐색적 연구이며, 모집단 특성을 추측하는 것이 아닌, 사례분석을 통하여 여성 창업가의 커리어 형성 실태에 대하여 파악하는 데에 있다. 그런 의미에서 본 연구는 문제 발견형 연구라고 할 수 있다.

한편, 본 연구의 한계는 우선 비확률샘플을 사용한 사례연구이기 때문에 모집단의 특성을 추측하지 못했다는 점이다. 이 연구에서는 편의 표본추출과 기연법을 병용하여, 접근하기 쉬운 샘플을 입수한 관계로 대표성에 대하여 논하기는 어렵다. 본 연구에서 유의미한 점은 연령, 산업, 직업에 가능한 다양성을 유지하는 것이었으나, 그것만으로 충분하다고 할 수는 없다. 향후 조사에서는 여성 창업가의 확률샘플을 추출하기 위한 샘플링 대장을 입수할 필요가 있을 것이다.

그리고 이 연구에서는 여성 창업가에게 초점을 두었기 때문에 남성 창업가와 비교연구를 하지는 않았다. 제2장에서 기술한 것처럼, 선행연구에서는 창업가에 존재하는 젠더 차이가 지적되고 있다. 본 연구에서는 여성 창업가와의 면접에서 남성 창업가와의 차이 등에 관하여 묻고, 남녀에 따라 창업하는 어프로치가 다른 점은 시사되었으나, 향후 남녀 창업가의 커리어 형성에 관한 체계적인 비교연구를 할 필요가 있을 것이다.

본 연구에서는 창업 시 많은 자본(자원)이 필요한 유한회사, 주식회사,

NPO법인, 일반 사단법인의 여성 창업가를 조사대상으로 한정하였다. 그래서 샘플의 특성이 고학력의 특성을 띠게 되었다. 그러나 일본의 창업형태를 보면, 회사설립에 필요한 실질적인 비용이 0엔이고, 바로 시작할 수 있는 장점이 있어 개인사업자로 창업하는 비율이 70%를 넘게 차지하였다. 개인사업자는 다른 창업가 유형과 비교하였을 때 표면적으로 잘 드러나지 않기 때문에 확률샘플 추출이 곤란할 가능성이 있지만 향후에는 개인사업자를 대상으로 한 연구가 필요할 것으로 생각된다.

또한, 이 연구에서는 주로 '자본 획득과정'에 초점을 두었지만, 여성 창업가의 '창업과정' 및 '창업 활동 결과(수익성, 창업목표 달성도 등)'에 대한 조사는 하지 않았다. 여성 창업가의 창업 활동 및 창업과정이 '창업 활동 결과'에 어떠한 영향을 미치는지에 대한 연구과제를 설정한다면, 향후에 그 과제에 관한 연구가 필요하게 될 것이다.

제6절 결론

본 연구에서는 여성 창업가의 커리어 형성에 관하여 상세한 사례연구를 하였다. 여성 창업가는 어린 시절부터 4개의 자본(인적자본, 문화자본, 사회관계자본, 경제자본)을 획득하고 축적하여 창업에 이르게 된다. 특히, 직업 커리어(첫 직장, 이직, 재취업, 창업)와 가족의 궤적(결혼, 출산, 이혼, 재혼 경험 등의 내용과 타이밍)의 조합으로 여성 창업가의 유형이 달라진다. 이 연구의 샘플에는 '스페셜리스트', '처음부터 창업을 의도하지 않은 커리어', '제너럴리스트', '처음부터 창업을 의도한 커리어'와 같은 4개 유형의 여성 창업가가 도출되었다. 사례연구를 통하여 밝혀진 내용은 4개 유형의 여성 창업가에 대한 주요한 프로필에 기술했으나, 각 유형에도 상당히 많은 다양성이 존재한다.

다시 말하지만, 여성 창업가의 커리어는 4개 요인의 상호작용으로 형성된다. 그 요인이란 자본(인적자본, 문화자본, 사회관계자본, 경제자본), 자본을 획득하는 영역(가정, 학교, 직장), 라이프 코스 요인(시대적 배경, 라이프 스테이지, 가족 라이프 이벤트, 타이밍, 전환점), 그리고 직업 커리어(첫 직장, 이직, 재취업, 창업)이다. 이러한 요인의 상호작용(조합)이 창업가의 커리어를 형성하고 서로 다른 유형의 창업가를 만들어낸다.

전술한 4개의 요인에 더하여 여성 창업가와의 면접에서 밝혀진 것은 커리어 형성에서 여성 창업가 본인의 '인간 행위력(human agency)'의 영향력이다. 글로벌 금융위기(리먼 쇼크), 동일본대지진 이후, 어려운 비즈니스 환경 속에서도 처한 상황에 적응하면서, 창업한 조직의 생존을 걸고 꿋꿋하게 노력하는 그녀들의 모습에서 우리는 많은 힘을 얻을 수 있지 않을까 생각한다.

참고문헌

【일본어문헌】

一般社団法人ベンチャーエンタープライズセンター, 2014, 「平成25年度創業・起業支援事業(起業家精神と成長ベンチャーに関する国際調査)起業家精神に関する調査報告書」.

林永彦, 2004, 『韓国人企業家：ニューカマーの起業過程とエスニック資源』長崎出版株式会社.

植田浩史・桑原武志・本田哲夫ほか著, 2014, 『中小企業・ベンチャー企業論──グローバルと地域のはざまで』有斐閣.

大石友子, 2000, 「21世紀における女性起業家の役割」岐阜県シンクタンク編『岐阜を考える』107.

太原正裕, 2011, 「第三次ベンチャーブームの検証──ベンチャー企業は日本経済活性化、金融資本市場の発展に貢献しうるのか──」『城西大学経営紀要』7：53-56.

三菱UFJリサーチ＆コンサルティング, 2011, 「平成22年度女性起業家実態調査報告書」.

厚生労働省雇用均等・児童家庭局編, 2006, 『女性労働の分析2006年』21世紀職業財団.

国民生活金融公庫総合研究所編, 2003, 『日本の女性経営者』中小企業リサーチセンター.

嶋崎尚子, 2008, 『ライフコースの社会学──社会学のポテンシャル2』学文社.

シュンペータ, J.A., 1998, 『企業家とは何か』東洋経済新報社.

鄭賢淑, 2002, 「5章 誰が自営業層になるのか」鄭賢淑著『日本の自営業層──階層的独自性の形成と変容』東京大学出版会, 109-139.

竹ノ下弘久, 2011, 「労働市場の構造と自営業への移動に関する国際比較」石田浩・近藤博之・中尾啓子編『現代の階層社会2─階層と移動の構造』東京大学出版会, 37-51.

中小企業庁編, 2011,『中小企業白書2011年版』同友館.

_____, 2012,『中小企業白書2012年版』同友館.

_____, 2014,『中小企業白書2014年版』同友館.

藤井辰紀, 2012,「NPO法人の存在意義と経営課題」『日本政策金融公庫論集』1
　　　　6：55-73.

松田修一, 2005,『ベンチャー企業』日経文庫.

三輪哲, 2011,『社会的ネットワークと自営業への移動』 東京大学社会科学研究
　　　　所, パネル調査プロジェクトディスカッションペーパーシリーズ46： 1-24.

目黒依子, 1993,「ジェンダーと家族変動」森岡清美監修『家族社会学の展開』培
　　　　風館, 211-221.

渡辺深, 2008,『新しい経済社会学―日本の経済現象の社会学的分析』 上智大学
　　　　出版, 1-35.

【영어문헌】

Adler, Nancy J., 1999, "Global Leaders: Women of Influence." Gary N. Powell
　　　　ed., *Handbook of Gender and Work*, Sage Publications. 239-261.

Aldrich, Howard E., 1999, *Organizations Evolving*, Sage Publications. (=2007, 若
　　　　林 直樹訳『組織進化論−企業のライフサイクルを探る−』東洋経済新
　　　　報社.)

Aldrich, Howard E., 2011, *An Evolutionary Approach to Entrepreneurship*,
　　　　Edward Elgar Publishing Limited.

_____, 2005, "Entrepreneurship" Neil J. Smelser and Richard
　　　　Swedberg eds., *The Handbook of Economic Sociology*, 2nd edition, Princeton
　　　　University Press. 451-477.

Aldrich, Howard E. and Catherine Zimmer, 2011, "Entrepreneurship through
　　　　Social Networks" Howard E. Aldrich ed., *An Evolutionary Approach to
　　　　Entrepreneurship*, Edward Elgar publishing limited. 121-141.

Aldrich, Howard E., T. Baker and N. Liou, 2011, "Invisible Entrepreneurs: The
　　　　Neglect of Women Business Owners by Mass Media and Scholarly

Journals in the USA" Howard E. Aldrich ed., *An Evolutionary Approach to Entrepreneurship*, Edward Elgar publishing limited. 395-412.

Aldrich, Howard E. and A.B. Elam, P.R. Reese, 2011, "Strong Ties, Weak Ties, and Strangers: Do Women Owners Differ from Men in Their Use of Networking to Obtain Assistance?" Howard E. Aldrich ed., *An Evolutionary Approach to Entrepreneurship*, Edward Elgar publishing limited. 151-175.

Aldrich, Howard E. and L.A. Renzulli, J. Moody, 2011, "Family Matters: Gender, Networks, and Entrepreneurial Outcomes" Howard E. Aldrich ed., *An Evolutionary Approach to Entrepreneurship*, Edward Elgar publishing limited. 413-436.

Aldrich, Howard E., P.H. Kim. and L.A. Keister, 2011, "Access(Not) Denied: The Impact of Financial, Human, and Cultural Capital on Entrepreneurial Entry in the United States" Howard E. Aldrich ed., *An Evolutionary Approach to Entrepreneurship*, Edward Elgar publishing limited. 540-557.

Aldrich, Howard E. and P.H. Kim, 2007, "A Life Course Perspective on Occupational Inheritance: Self-employed Parents and Their Children." *Research in the Sociology of Organizations*, 25: 33-82.

Aldrich, Howard E. and Tomoaki Sakano, 1999, "Unbroken Ties-Comparing Personal Business Networks Cross-Nationally." W. Mark Fruin ed., *Networks, Markets, and The Pacific Rim*, Oxford University Press. 32-52.

Arthur, Michael B., Douglas T. Hall, and Barbara S. Lawrence, 1989, *Handbook of Career Theory*, Cambridge University Press.

Barth, Fredrik, 2000, "Economic Spheres in Darfur." Richard Swedberg ed., *Entrepreneurship: Social Science View*, Oxford University Press. 139-165.

Becker, Gary, 1975, *Human Capital—A Theoretical and Empirical Analysis, with Special Reference to Education*, 2nd edition, ColumbiaUniversity. (=1976, 佐野陽子訳『人的資本』東洋経済新報社.)

Blau, P. M., and Duncan, O.D., 1967, *The American Occupational Structure*. New York: Wiley.

Bourdieu, Pierre, 1977, "Cultural Reproduction and Social Reproduction." Jerome Karabel and A. H. Halsey eds., *Power and Ideology in Education*, New York: Oxford. 487-511.

Burt, Ronald, 1992, *Structural Holes: The Social Structure of Competition*. Harvard University Press. (=2006, 安田雪訳『競争の社会的構造：構造的空隙の理論』新曜社.)

_____, 1993, "The Network Entrepreneur." Richard Swedberg ed., *Entrepreneurship: Social Science View*, 2000. Oxford University Press. 281-305.

Campbell, Valencia, 2009, *Advice from the Top: What Minority Women Say about Their Career Success*, ABC-CLIO Inc.

Coleman, James S., 1990, *Foundation of Social Theory*, Harvard University Press.

DeCarlo, J.F. and Lyons, P.R., 1979, "A Comparison of Selected Personal Characteristics of Minority and Non-minority Female Entrepreneurs" *Journal of Small Business Management*,17 : 22-29.

Dunn, T., and Holtz-Eakin, D., 2000, "Financial Capital, Human Capital and the Transition to Self-employment: Evidence from Intergenarational Links " *Journal of Labor Economics*, 18(2) : 282-305.

Elder, Glenn. H., Jr., 1985, "Perspectives on the Life Course" G. H. Elder, Jr ed., *Life Course Dynamics : Trajectories and Transitions, 1968-1980*, Cornell University press. 23-49.

Elder, Glenn. H., Jr., Giele, J.Z., 1998, *Methods of life course research: Qualitative and quantitative approaches*, Thousand Oaks: Sage. (=2003, グレン・H.エルダー,ジャネット・Z.ジール著『ライフコース研究の方法—質的ならびに量的アプローチ』明石書店.)

Ghaffari, Elizabeth, 2009, *Outstanding in Their Field: How Women Corporate Directors Succeed*, ABC-CLIO Inc.

Granovetter, Mark, 1973, "The Strength of Weak Ties." *American Journal of Sociology*, 78 : 1360-1380. (=2006, マーク・グラノヴェター著, 大岡栄美訳「弱い紐帯の強さ」野沢慎司編・監訳『リーディングスネットワーク論』勁草書房)

_____, 1990, "Economic Action and Social Structure: The Problem of Embeddedness" *American Journal of Sociology*, 91: 481-580. (=1998, マーク・グラノヴェター著「経済行為と社会構造」マーク・グラノヴェター著, 渡辺深訳『転職』ミネルヴァ書房)

_____, 2002, "A Theoretical Agenda for Economic Sociology" Mauro Guillen, Randall Collins, Paula England, and Marshall Meyer eds., *The New Economic Sociology*, New York: Russell Sage Foundation. 35-59.

Gregg, G., 1985, "Women Entrepreneurs: The Second Generation" *Across the Board*, 22 (1) : 10-18.

Henning, Margaret and Anne Jardim, 1977, *The Managerial Woman*, Anchor Press/Doubleday. (=1987, 税所百合子訳『キャリア・ウーマン─男性社会への魅力あるチャレンジ』サイマル出版会.)

Hiroshi Ishida, 2004, "Entry into and Exit from Self-Employment in Japan" Richard Arum and Walter Müller eds., *The Reemergence of Self-Employment*, Princeton University Press. 348-387.

Inman, K., 2000, *Women's Resources in Business Start-up: A Study of Black and White Women*

Entrepreneurs, New York and London: Garland Publishing.

Kanter, Rosabeth Moss, 1977, *Men and Women of the Corporation*, Basic Books. (=1995, 高井葉子訳『企業の中の男と女─女性が増えれば職場が変わる』生産性出版.)

Kirzner, Israel M., 1973, *Competition and Entrepreneurship*, University of Chicago Press. (=1985, 江田三喜男ほか 共訳『競争と企業家精神』千倉書房.)

_____, 1997, *How Markets work; Disequilibrium, Entrepreneurship and Discovery*, The Institute of Economic Affairs. (=2001, 西岡 幹雄 、

谷村　智輝訳『企業家と市場とは何か』日本経済評論社.)

Lavoie, Don, 1991, "The Discovery and Interpretation of Profit Opportunities: Culture and the Kirznerian Entrepreneur." Brigitte Berger ed., *The Culture of Entrepreneurship*, San Francisco: ICS Press. 33-51.

Lentz, B.F., and Laband, D.N., 1990, "Entrepreneurial Success and Occupational Inheritance Among Proprietors." *Canadian Journal of Economics*, 23 (3) : 563-579.

Lin, Nan, 2001, *Social Capital: A Theory of Social Structure and Action*. Cambridge University Press. (=2008, 筒井淳也・石田光規・桜井政成・三輪哲・土岐智賀子訳『ソーシャル・キャピタル：社会構造と行為の理論』ミネルヴァ書房.)

Montoya, Monica Lindh, 2000, "Entrepreneurship and Culture: The Case of Freddy, the Strawberry Man" Richard Swedberg ed., *Entrepreneurship: Social Science View*, Oxford University Press. 332-355.

Moore, Drothy. P., 1987a, "First-and Second-Generation Female Entrepreneurs-Identifying the Needs and Differences" D. F. Ray ed., *Southern Management Association proceedings*, Mississippi State: Mississippi State University. 175-177.

_____, 1987b, "Identifying the Needs of Women Entrepreneurs in South California." (Tech, Rep. No. 2). Charleston, SC: The Citadel Development Foundation.

_____, 1988, "Female Entrepreneurs: New Methodologies and Research Directions in the 1990s." *Research Methodology Conference proceedings*, 38 : 1-44.

_____, 1990, "An Examination of Present Research of on the Female Entrepreneur-Suggested Research Strategies for the 1990's." *Journal of Business Ethics*, 9 (4/5) : 275-281.

Moore, Dorothy and Buttner, H., 1997, *Women Entrepreneurs: Moving Beyond the Glass Ceiling*. Thousand Oaks, CA: Sage Publication.

Moore, Dorothy P., 1999, "Women Entrepreneurs: Approaching a New Millennium"

Gary N. Powell ed., *Handbook of Gender and Work*, Sage Publications. 371-390.

Orser,B., Hogarth-Scott, S. and Ridding, A., 2000, "Performance, Firm Size and Management, Problem Solving." *Journal of Small Business Management*, 38 (4) : 42-58.

Ragins, Bell Rose, 1999, "Gender and Mentoring Relationships." Gary N. Powell ed., *Handbook of Gender and Work*, Sage Publications. 347-370.

Raider, H. J and Burt, R.S., 1996, "Boundaryless Careers and Social Capital", Michael B. Arthur, Denise M. Rousseau eds., *Boundaryless Career*, Oxford University Press, Inc. 187-200.

Rezvani, Selena, 2010, *The Next Generation of Women Leaders*, Praeger: ABC-CLIO Inc.

Ronald.S. Burt, 1992, *Structural Holes: The Social Structure of Competition*, Harvard University Press. (=2006, 安田雪訳『競争の社会的構造—構造的隙間の理論』新曜社.)

Ruef, Martin, 2010, *The Entrepreneurial Group: Social Identities, Relations, and Collective Action, Princeton University Press.*

Scanzoni, John, 2000, *Designing Families: The Search for Self and Community in the Information Age*, Pine Forge Press.

Schumpeter, Joseph A., 1911, "Entrepreneurship as Innovation." Richard Swedberg ed., *Entrepreneurship: Social Science View*, Oxford University Press. 51−71.

Singh, Val and Susan Vinnicombe, 2006, "Opening the Boardroom Doors to Women Directors." McTavish, Duncan and Karen Miller eds., *Women in Leadership and Management*, Edward Elgar. 127−147.

Smith-Hunter, A., 2003, *Diversity and Entrepreneurship: Analyzing Successful Women Entrepreneurs*, Lanham, MD: University Press of America.

———————————, 2006, *Women Entrepreneurs in Racial Lines: Issues of Human Capital, Financial Capital, and Network Structures*, Edward Elgar.

Sørensen, Jesper B., 2007, "Closure and Exposure: Mechanisms in the Intergenerational Transmission of Self-employment." *Research in the Sociology of Organizations*, 25 : 83-124.

Swedberg, Richard, 2000, *Entrepreneurship: Social Science View*, Oxford University Press.

Swedberg, Richard, 2000, "The Social Science View of Entrepreneurship: Introduction and Practical Applications" Richard Swedberg ed., *Entrepreneurship: Social Science View*, Oxford University Press. 7-44.

Tharenou, Phyllis, 2005, "Women's Advancement in Management: What is Known and Future area to Address." Ronald Burke and Mary C. Mattis eds., *Supporting Women's Career Advancement: Challenges and Opportunities*, Edward Elgar.

Werhane, Patricia, Margaret Posig, Lisa Gundry, Laurel Ofstein, and Elizabeth Powell, 2007, *Women in Business*, Praeger publishers.

감사의 글

본 연구를 집필하는 데 있어 많은 분의 도움과 지도를 받았다. 도움을 주신 모든 분께 감사의 말씀을 전한다.

먼저, 논문을 지도해주신 와타나베 신(渡辺深) 교수님께 감사의 말씀을 드린다. '여성 창업가의 커리어 형성'에 대한 공동연구를 시작하며, 2년간에 걸친 인터뷰조사를 하는 과정에서 조사의 기본부터 수집한 데이터를 분석하고, 논문으로 정리하는 과정에 이르기까지 많은 지도를 받았다. 이와 같은 귀중한 경험을 향후의 교육연구에서도 십분 발휘할 수 있도록 노력할 것이다. 또한, 힘들고 곤란한 상황에 처했을 때 희망, 노력, 감사라고 하는 메시지를 떠올리라는 교수님의 말씀을 깊이 새겨듣고 실천할 것이다.

그리고 박사과정 3년 차까지 지도해주신 故오카모토 히데오(岡本英雄) 교수님께도 이 자리를 빌려 감사의 말씀을 드린다. 오카모토 교수님께서는 석사 논문을 집필할 당시 곁에서 지도와 격려를 아끼지 않으셨다. 다시 한번 감사의 말씀을 드린다.

더불어, 여성리더 연구에 대한 귀중한 조언을 주신 메구로 요리코(目黒依子) 교수님께도 감사의 말씀을 드린다. 교수님의 조언이 있어 여성 창업가 연구를 결심하고 시작할 수 있었다.

박사 자격시험과 논문시험에서는 후지무라 마사유키(藤村正之) 교수님과 다부치 로쿠로(田渕六郎) 교수님께 많은 조언과 지도를 받았다. 특히, 논문시험에서는 두 교수님께 여성 창업가의 커리어 형성에 미치는 라이프 코스 요인의 역할에 대한 귀중한 조언을 받아, 본 연구의 분석 틀이 더욱 명확해질 수 있었다. 더불어, 논문심사에서도 논문과제에 대한 중요한 조언을 아끼지 않으셨다. 이에 감사의 말씀을 드린다.

또한, 게이오 기주쿠 대학 종합정책학부(慶應義塾大学総合政策学部)의 미야가키 겐(宮垣元) 교수님께서는 바쁘신 와중에 박사 논문 심사위원으로 심사에 참석해 주시고 귀중한 조언의 말씀을 주셨다. 이 자리를 빌려 다시 한번 감사의 말씀을 드리고 싶다.

대학 시절 은사님으로 일본의 대학원 진학을 권해 주신 김태영(金泰永) 교수님께도 감사의 말씀을 드린다. 교수님의 지도와 조언의 말씀이 없었다면, 일본으로의 유학을 결심하지 못했을 것이다. 유학 중에 언제나 격려해 주신 교수님께 다시 한번 감사의 말씀을 드린다.

그리고 조치대학 선배이신 임영언 교수님께서도 연구 활동과 유학 생활에 관한 귀중한 조언을 주셨다. 특히 임영언 교수님의 도쿄의 뉴커머 한국인 창업가 연구('東京におけるニューカマー韓国人起業家')는 박사 논문을 집필하는 과정에서 많은 참고가 되었다. 교수님께도 감사의 말씀을 드리고 싶다.

그 밖에도 조치대학 대학원의 다마오키 유스케(玉置佑介) 선배님, 나카노 유이치(中野佑一) 선배님, 이가 린코(伊賀倫子) 후배, 미즈노 유스케(水野陽介) 후배, 사가라쇼(相良 翔) 후배, 대학원 와타나베 연구회의 대학원생 모두, 그리고 대학원 친구였던 유훈근, 서율희 후배에게도 감사를 전하고 싶다.

더불어, 많은 분의 도움이 없었다면 박사 논문을 위한 연구를 수행할 수 없었을 것이다. 인터뷰조사에 협조해 주신 많은 여성 창업가, 여성관리자, 여성 경영자분들께도 깊은 감사의 말씀을 올린다.

이분들은 각 업계에서 활약 중이신 여성리더들의 귀중한 이야기를 들을 수 있는 기회를 주신 것뿐만 아니라, 향후 나의 인생에도 커다란 영향을 주셨다. 지금까지 도와주신 모든 분께 조금이라도 보답할 수 있도록 여성의 커리어 형성에 관한 연구를 앞으로도 계속해 나갈 것이다.

또한, 본 연구는 2011년도 일본경제연구센터(日本経済研究センター)의 연구장려금 조성(연구책임자: 와타나베 신(渡辺深))에 의해 이루어졌다. 진심으로 감사의 말씀을 드린다.

마지막으로 긴 유학 생활 동안 좌절하지 않고 힘낼 수 있었던 것은 나를 항상 믿어주고 지지해 주는 남편(박찬)과 부모님(이병균, 이혜원), 그리고 형제들이 있었기에 가능했다. 가족들과 남편에게 감사의 마음을 전한다.

2020년 4월
저자 이윤희

인터뷰 질문지

<女性起業家のキャリア形成と起業過程に関する質問案>

○ キャリア形成

□ 幼少時代

ご自分のキャリア(考え方、価値観、技術、その他)に影響を与えた人
ご家族の構成
ご両親の役割: ご職業の内容など

□ 学校時代

ご自分のキャリア(考え方、価値観、技術、その他)に影響を与えた人
先生、先輩、同輩、後輩、ライバル / サークル、勉強、趣味、遊びなど
ご自分のキャリア形成に必要な、考え方・技術・熟練を習得・開発する
機会の有無

□ 就職、職業、仕事

ご自分のキャリア(考え方、価値観、技術、その他)に影響を与えた人
雇用主、上司、先輩、同輩、後輩、取引相手など
ご自分のキャリア形成に必要な、考え方・技術・熟練を習得・開発する機会

□ 結婚、出産、育児など

　　結婚:配偶者との関係(ご自分のキャリアに与える影響)

　　お子様との関係(ご自分のキャリアに与える影響)

　　職業キャリアを中断した期間の有無

　　育児と仕事の両立について工夫したこと

○ 起業過程

・起業年(設立年、創業年)

・起業時の年齢

・起業した目的

・起業の準備に要した期間

・起業に必要な技術、技能、ノウハウ、アイデアの獲得方法

・起業時の資本金

・起業時の出資者の有無

・起業資金の入手方法

・共同経営者の有無

・起業する時の支援者の有無

・起業時の従業員と採用方法

○ これから起業を目指す女性たちへのメッセージ

이윤희

강릉 출생
강릉여자고등학교 졸업
강릉대학교 일본학과 졸업
일본 죠치대학교(上智大学大学院) 사회학 석사, 사회학 박사
커리어 사회학, 창업가론 전공(일본의 여성 창업가, 여성 리더, 여성 후계자 연구)
일본 죠치대학, 죠치단기대학, 루터가쿠인대학, 칸토가쿠인대학, 신오쿠보어학원 등 출강

leeyounhee.kr@gmail.com

일본
여성 창업가의
커리어 분석
사례를 중심으로

초판인쇄 2020년 4월 29일
초판발행 2020년 4월 29일

지은이 이윤희
펴낸이 채종준
펴낸곳 한국학술정보㈜
주소 경기도 파주시 회동길 230(문발동)
전화 031) 908-3181(대표)
팩스 031) 908-3189
홈페이지 http://ebook.kstudy.com
전자우편 출판사업부 publish@kstudy.com
등록 제일산-115호(2000. 6. 19)

ISBN 978-89-268-9911-3 93320